Berlin *spontan*

TAG- UND NACHT-TIPS FÜR KURZENTSCHLOSSENE

Irene Berger hat für Sie das Berliner Verkehrsnetz durchleuchtet und die Berliner Gastro-Szene unter die Lupe genommen. Sie verrät, wo man sich einen wunderbaren Ausblick über die Stadt verschafft, wo man nachts tanzen, trinken und Musik hören kann.

Dirk Engelhardt weiß, wann man wo in Berlin die rauschendsten Feste feiert.

Sabine Kidrowski verfaßte das Vorwort und berichtet über die Berliner Sport-Szene und wo Alt und Jung Spielplätze finden.

Stefan Michler hat sich der Stadtgeographie, den Flüssen und Seen und den Museen angenommen. Er zeigt Ihnen, wo man einkauft, wo es grünt in Berlin und welche Bühnen man besucht haben muß. Außerdem hat er sich in die Rotlichtszene gewagt.

Ulla Mikosch sagt Ihnen, wo Sie im Notfall anrufen müssen, wo man Karten im Vorverkauf bekommt und wo man in Berlin übernachten ka~~

D1719699

© 1996 OPS Verlagsgesellschaft mbH

ISBN 3-930487-01-2

Natürlich haben unsere Autoren mit größter Sorgfalt recherchiert. Sollten sich dennoch Fehler eingeschlichen haben, können wir keine Haftung übernehmen. Wir freuen uns aber, wenn Sie mit Ihren Verbesserungsvorschlägen oder Hinweisen die nächste Ausgabe unterstützen.

Idee und Konzept:	Christa Mesnaric, Christine Ortenburger
Lektorat (Leitung):	Claudia Singer
Umschlaggestaltung:	Christine Ortenburger
Fotos:	Dirk Engelhardt (DE)
	Peter Knoll (PK)
	Stefan Marien (SMA)
	Stefan Michler (SMI)
	Juan Pablo Melo (JPM)
	Andreas Reimann (AR)
Grafiken:	Michael Lingg
Satz:	Ulrich Günther
Layout:	Christine Ortenburger
Druck:	Istituto Grafico Bertello, Borgo San Dalmazzo ergo: Printed in Italy

Ein kleiner Buchwegweiser

Der goldene ...

... Anfang

+ Der Freizeitführer
  für Berlin 7
+ Berliner
  Stadtgeographie 8
+ Obendrüber und
  Untendurch: Die VBB 16

Auf den hellblauen Tag-Seiten finden Sie Anregungen und Adressen für Aktivitäten, die hauptsächlich tagsüber stattfinden.

Tag

+ Frühstücken 22
+ Berlin grün 26
+ Berlin hoch.....................30
+ Berlin zu Wasser...........33
+ Sport...............................38
+ Spielplätze für
  Jung und Alt 68
+ Einkaufen & Ausleihen ..73
+ Mittagessen...................78
+ Museen 83

Wissen Sie, was Sie heute Abend unternehmen könnten – oder am Sonntag nachmittag? Wissen Sie, wo Sie nach der Spätvorstellung im Kino noch gemütlich essen oder gewaltig abrocken und anschließend mit anderen Nachtgestalten frühstücken können?
Wir wissen es! Und wir haben es für Sie in diesem Buch aufgeschrieben. Das einzige, was Sie wissen müssen, ist die Tageszeit, zu der Sie etwas erleben möchten.

Ein kleiner Buchwegweiser

Auf den mittelblauen Tag-und-Abend-Seiten finden Sie Hits und Tips für Aktionen, die unabhängig von der Tageszeit sind.

Auf den dunklen Nacht-Seiten sehen Sie nach, wenn Sie einen gemütlichen Abend oder eine heiße Nacht verbringen möchten.

Tag und Abend

- Cafés 90
- Kino 105
- Feste & Festivals 101
- Berlin rosa -
  lesbisch & schwul 111

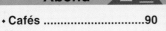

Nacht

- Locker – Kneipen 122
- Lecker – Restaurants 134
- Live   - Pop & Rock. 142
          - Klassik 153
          - Theater &
          - Kabarett 158
- Loud – Diskotheken &
  Clubs 168
- Late   -Leben nach
          Mitternacht ... 175
- Lust   - Berlin rot...... 180

Last not least -
das gelbe Ende:

Anhang

- Nützliche Nummern 186
- Kartenvorverkauf 191
- Übernachtungen 193
- Stichwortverzeichnis... 132

Nostalgie und Nervenkitzel

Geteilte Stadt, Eldorado der Alternativen, Hauptstadt, Fast-Olympia-Stadt, Schauplatz literarischer Meisterwerke – daran denkt der Berlin-Besucher, wenn er durch die Straßen der Metropole geht. Jede Mauer ist Geschichte, jede Regung richtungsweisend.

Heute ist hier Überlebenskampf angesagt. Die Oberschicht rangelt sich um milliardenschwere Spekulationswerte, die Unterschicht um den Groschen für das tägliche Brot. Mittlerweile prägen sie das Stadtbild – die Hütchenspieler am Ku'damm, die Musiker in der U-Bahn und die Kids an den Ampeln, die die Windschutzscheibe „für 'ne Mark" vom Berliner Straßenstaub befreien. Auch im Kulturbetrieb führt man den Geldkrieg: Große und Kleine buhlen gleichermaßen um Subventionen und die Gunst der Kulturbeflissenen.

Trotz allem entwickelt sich Berlin wieder zum Geigerzähler des Zeitgeistes, zum Strudel moderner Strömungen und Anziehungspunkt für Aufsteiger, Exoten, Lebenskünstler. Vielleicht ist es das, was Besucher fasziniert. Wer sich auf die Metropole einläßt, schwimmt mit im Wechselbad aus Action und Beschaulichkeit, aus Nostalgie und Auflehnung. Berlin ist keine Plastikstadt, konnte und wollte seine Probleme nie verleugnen. Sie ist adrenalinisch, sie „nervt". Aber wer braucht nicht ab und zu den Nervenkitzel, Wirbel, Großstadtleben, die Möglichkeit täglich an unzähligen kulturellen Höhepunkten teilzuhaben?

Jetzt, bald fünf Jahre nach dem Fall der Mauer, ist die Vielfalt enorm; die rostigen Schaniere sind wieder gängig geworden. Die Friedrichsstraße wächst zusammen. Auch in den Köpfen.

Berliner Stadtgeographie

„Ach, entschuldigen Sie, wie komme ich denn am besten zum Bahnhof Zoo?" – Eine Frage, wie sie ein Taxifahrer täglich von hilflos dreinblickenden Ortsfremden hört. Aber was werden Sie mit der ellenlangen Antwort anfangen können? Sollten Sie also vor der Notwendigkeit stehen, sich in Berlin selbständig orientieren zu müssen – kaufen Sie einen Stadtplan! Bei einer so großen Stadt führt an dieser Investition kein Weg vorbei. Und selbst dann gibt es noch genug Schwierigkeiten. Zum Beispiel die Hausnummern. Sie verlaufen hier noch mehrheitlich nach dem Bumerang-System: Sie beginnen an einem Ende der Straße, laufen auf einer Seite bis zum Ende und auf der anderen wieder zurück. An den Ecken tragen die Straßenschilder meistens noch ein kleines Zusatzschildchen, das angibt, welche Nummern sich im jeweiligen Block befinden. Sollten Sie irgendjemand nach einer Straße fragen, müssen Sie berücksichtigen, daß sehr viele Straßennamen mehrfach vorkommen. Die Kurfürstenstraße z.B. taucht dreimal im Inhaltsverzeichnis des Stadtplans auf, die Lessingstraße sogar sechsmal! Es ist also oft erforderlich, außer dem Namen der Straße, zu der man möchte, auch anzugeben, in welchem Bezirk sie liegt. Viel Glück!

Die Stadt bietet kaum einen zuverlässigen Orientierungspunkt, nach dem man sich auch über größere Entfernungen richten kann. Sie ist annähernd rund, völlig platt und hat einen Durchmesser von schätzungsweise 40 km Luftlinie. Das heutige Berlin ist im Laufe seiner Geschichte aus vielen kleinen Dörfern zusammengewachsen, deren Kerne sich dem aufmerksamen Blick leicht zu erkennen geben. Der Charakter einzelner Bezirke ist heute noch stark ausgeprägt, ja, er hat sich im Laufe der (Nachkriegs-) Geschichte sogar verstärkt.

Berlin spontan

Zentrum

Das ursprüngliche Herzstück Berlins liegt im Bezirk Mitte, im Bereich des Molkenmarkts – heute nur mehr eine große Straßenkreuzung. Der Ort tauchte im Jahre 1244 zum ersten Mal urkundlich auf, ist aber vermutlich älter. Der Nachbarort Cölln, auf der gegenüberliegenden Spreeseite gelegen, wird erstmals 1237 erwähnt. Im Jahre 1937 nahm Goebbels dieses Datum zum Anlaß einer 700-Jahr-Feier, mit der er hoffte, seinen bis dato größten Propaganda-Erfolg (die Berliner Olympiade im Vorjahr) zu wiederholen. Seither wird diese fragwürdige Zahl als das Jahr der Stadtgründung angesehen. 1987 fand die 750-Jahr-Feier statt.

Zentrum-Ost

Berlin Mitte, um Unter den Linden/ Karl-Liebknecht-Straße und den Alexanderplatz gelegen, war bis zur Spaltung nach dem Kriege auch das Zentrum der Großstadt Berlin. Daß diese Region älter ist als andere Stadtteile, erkennt man daran, daß die

Straßen hier enger und verwinkelter sind. Der Entwicklungsrückstand, bedingt durch jahrzehntelangen Sozialismus, ist immer noch deutlich zu erkennen – trotz der rasanten Aufholjagd seit der Wende. Dennoch ist „Mitte" heute eine der vitalsten Gegenden Berlins. In den engen Seitenstraßen spielt sich verwirrendes, interessantes Leben und Treiben ab. Auf Schritt und Tritt begegnet man historischen Stätten aus mehreren Jahrhunderten, alten und neuen Theatern und Kabaretts, Kneipen und Restaurants. Repräsentationsbauten säumen die Hauptstraßen aus friderizianischer, faschistischer und sozialistischer Zeit. Auf dem Alexanderplatz steht der 1969 fertiggestellte Fernsehturm, mit 365 m das zweithöchste Bauwerk Europas (nach dem Moskauer Fernsehturm). Er ist der einzige Anhaltspunkt, nach dem man sich fast überall orientieren kann. In 200 m Höhe gibt es eine Aussichtsplattform und ein Dreh-Restaurant, von welchem man die ganze Stadt überblickt.

SMA

Zentrum-West

Die prägenden Elemente des West-Berliner Zentrums sind die Tauentzienstraße und der Kurfürstendamm, der vom Breitscheidplatz mit der Kaiser Wilhelm-Gedächtniskirche und dem Europacenter bis nach Halensee reicht. Vor dem Krieg galt diese Region als exklusiv, was am Halensee-Ende des Ku'damms noch spürbar ist. Nahe der Gedächtniskirche hat an der Kreuzung Ku'damm/ Joachimstaler Straße nach dem Krieg das berühmte Café Kranzler neu eröffnet. Davor lag es an der Kreuzung Friedrichstraße/ Unter den Linden. Doch ist der ursprüngliche Reiz längst von Touristenströmen

und Fluten anspruchsloser Gäste wegge-
spült worden. In den Seitenstraßen des
Ku'damms konzentriert sich das Berliner
Nachtleben – was nicht heißt, daß in anderen Bezirken weniger Auftrieb herrscht.
Am Wochenende signalisiert bereits der
abendliche Verkehr, daß man das Zentrum
eines Hurrikans erreicht hat. Dies ist die
einzige Gegend Berlins, wo man auch ohne

große Ortskenntnis jedes gewünschte Amüsement finden kann.

Innenstadtbezirke

Charlottenburg/ Wilmersdorf

Charlottenburg gehört noch zum eigentlichen Zentrum Westberlins, dehnt sich aber über den Ku'damm nach Norden und
Westen aus. Der klassizistische Stil dieses Viertels ist weitgehend erhalten. Eine gute Gegend mit jeder Menge Kneipen, Restaurants, Kinos und Theatern. Wilmersdorf hingegen, südlich
des Ku'damms gelegen, ist eher bürgerlich-konservativ. Hunde
werden an der Leine geführt, und die wenigen Discos wurden
durch Anwohnerproteste längst auf Öffnungszeiten einge-
schränkt, die der Nachtruhe nicht abträglich sind. Gleichwohl
ist dies ein sehr schönes Wohnviertel, wenn man das Alter erreicht hat, in dem man sich die hier üblichen Mieten leisten
kann.

Schöneberg

Schöneberg, südlich vom Tiergarten und westlich von Kreuzberg gelegen, gilt als eigenwilliges Viertel. Zwei Straßenzüge bilden seine Hauptschlagadern: die Potsdamer Straße/Hauptstraße
und die Martin Luther-Straße. In der Potsdamer Straße, ehemals Berlins Zeitungsmeile, war seit den 70er Jahren das hori-
zontale Gewerbe zuhause. Mit der Zunahme privater
Radiostationen und seit der Restitution Berlins als Hauptstadt
siedeln sich hier wieder die Medien an. Der Zustand des Viertels ist schlechter als der von Charlottenburg oder dem „besse-

ren" Kreuzberg. Schöneberg profitiert davon, daß es zwischen diesen beiden Vierteln liegt. Arbeitersiedlungen sind hier vertreten, aber eine Ecke weiter trifft man dann auf ein N°1-Szenelokal. David Bowie wohnte Anfang der 80er in einer WG an der Hauptstraße. Ein paar Kilometer weiter lag früher einer der wichtigsten Jazz-Schuppen. Wer sich im Berliner Nachtleben herumtreibt, wird diese Gegend sehr rasch kennenlernen.

Kreuzberg

Kreuzberg – davon gibt es eigentlich zwei. Da ist zum einen Kreuzberg 61, rund um den Kreuzberg. Seit den frühen 80er Jahren wurden die Gebäude – im für Berlin typischen Schinkel-Klassizismus – flächendeckend saniert, meist in Eigeninitiative und mit Fördermitteln aus einem Senatsprogramm. Bauträger waren oft kleine Gruppen mittelständischer Akademiker, die die Häuser für den Eigenbedarf kauften und instandsetzten. Diese Bewohner prägen heute weitgehend den Charakter des Bezirks. Gut erhaltene Fassaden, geschmackvolle Läden und Cafés dominieren diesen Stadtteil. In der Yorkstraße, in einem einzigen Block, findet man ein Bio-Café, ein McDonalds, eine Döner-Bude, ein Begräbnisinstitut, ein Off-Kino, ein italienisches Restaurant der gehobenen Klasse, ein kleines, exklusives Hotel, eine Cocktail-Bar im frühen New-Wave-Stil, einen Falafel-Imbiß und einen Stahlwarenladen aus der Vorkriegszeit.

SO 36

Ganz anders sieht das Kreuzberg aus, das man aus den Medien kennt – SO 36 (Süd-Ost, ehemaliger Zustellbezirk 36). Arbeiter und Rentner, Studenten und arbeitslose Jugendliche, der höchste Ausländeranteil aller Berliner Bezirke, alte und herunterge-

kommene Häuser, dafür aber mit billigen Mieten – das Ergebnis aus diesen Komponenten wurde anfang der Achtziger, durchaus respektvoll-bewundernd, unter dem Namen „Kreuzberger Mischung" bekannt. Was heute unter dem Schlagwort „multikulturelle Gesellschaft" manchem ein unerreichbares Wunschziel ist, funktionierte damals, wenn auch auf begrenztem Raum, recht reibungslos. Dies bildete den Humus für eine schillernde Szene künstlerischer und intellektueller Vielfalt – ein Experimentierfeld für alternative Lebensformen und Utopien.

Kreuzberg 36 war die Szene schlechthin, ein Reservat, in dem man eine zeitlang ungestört war. Seit dem Fall der Mauer geht es damit allerdings zu Ende. Äußerlich ist vieles noch beim Alten – in der Oranienstraße brennt am Wochenende immer noch die Luft. Aber SO 36 ist von seiner Randlage im Schatten der Mauer plötzlich ins Stadtzentrum gerückt. Spekulanten halten Einzug, die Mieten explodieren, und das trifft den Lebensnerv der Bewohner. Bedroht sind nun die Gruppen freier Künstler, die große, günstige Fabriketagen bewohnten, oder auch kleine alternative Handwerksbetriebe, die die Avantgarde der Kreuzberger Szene ausmachten. Sie wandern ab zum Prenzlauer Berg, der sich gerade den Ruf des Kreuzbergs der Neunziger erwirbt.

Friedrichshain

Südöstlich von „Mitte" liegt Friedrichshain, zwischen dem Prenzlauer Berg im Norden und Kreuzberg im Süden. Die alte Bausubstanz ähnelt diesen Bezirken, ist aber weniger gut erhalten.

Hier befindet sich eine in Deutschland einmalige architektonische Attraktion: Die Karl-Marx-Alle zwischen dem Strausberger

Platz und dem Frankfurter Tor. Dort wurde in den 50er Jahren ein ganzer Straßenzug (der damals noch Stalinallee hieß) im stalinistischen Stil errichtet – meines Wissens der einzige Zusammenhang, in dem dieses Attribut eine positive Bedeutung hat. Die Verbindung mit Stalin besteht lediglich darin, daß diese Bauweise in seine Regierungszeit fiel. Gemeint sind aufwendige Unterkünfte für Arbeiter: große, hohe Räume, eine für die damalige Zeit luxuriöse Ausstattung (Balkons, Fahrstühle, Arkaden und gemeinsame Dachgärten). Ausmaße und Proportionen dieser Gebäude sind gigantisch. Sie erinnern ein wenig an die nationalsozialistische Bauweise, die sich jedoch stets auf Repräsentationsbauten beschränkte. Der imposante Eindruck dieser Anlage beruht nicht zuletzt darauf, daß sie eine geschlossene Einheit bildet, hinter der ein konsequenter Gedanke steht. Dieser ließ sich später aus Kostengründen leider nicht weiter verfolgen. Stattdessen entstanden massenhaft Betonsiedlungen. Das Ergebnis, diesmal Chruschtschow-Stil genannt, ist in Marzahn, aber auch in vielen westdeutschen Vorstädten zu besichtigen. Von den Arbeitern an den Baustellen dieser Häuser ging übrigens am 17. Juni 1953 die Erhebung gegen das SED-Regime aus.

Prenzlauer Berg

Prenzlauer Berg, nördlich an Mitte angrenzend, war schon zu DDR-Zeiten der Bezirk, in dem etwas wie eine Subkultur beheimatet war. Seit der Wende hat sich dort ein blühendes Leben entwickelt. Das Viertel ist sogar größer als Kreuzberg, dessen Szene an „Prenzelberg" langsam Geschmack findet. Die Gegend um den Senefelder Platz (hier gibt es eine U-Bahn-Station) und den Kollwitzplatz kann man Berlin-Besuchern nur empfehlen.

Neukölln

Neukölln, südlich von Kreuzberg, ist ein alter Arbeiterbezirk Berlins. Das soziale Gefüge war hier bis Ende der 70er Jahre intakt, dann begannen steigende Gewerbemieten die kleinen Läden zu ruinieren – zugunsten großer Ketten. Die Zahl sozial schwacher Mieter und Arbeitsloser nahm zu. Die studentische Subkultur aus Kreuzberg zog ein, setzte sich jedoch nicht durch. Nach dem Fall der Mauer wurde Neukölln durch den Verkehr aus den angrenzenden Ostberliner Bezirken noch stärker belastet. Heute ist das Viertel vorwiegend dreckig, überlaufen und häßlich.

Grüne Außenbezirke

Spandau

Spandau liegt westlich der Havel, und damit eigentlich außerhalb Berlins, und ist mit rund 200.000 Einwohnern schon eine kleine Stadt für sich. Seine Bewohner pflegen den Lokalpatriotismus. Wenn jemand verkündet: „Ich gehe in die Stadt", so meint er damit das Zentrum Spandaus, andernfalls würde er ausdrücklich „Berlin" sagen. Dieses Zentrum ist eine reizende kleine Altstadt aus dem 13. Jahrhundert, unmittelbar am Havelufer. Direkt daneben liegt die Zitadelle. Die frühesten Teile dieser Befestigung gehen auf das 12. Jahrhundert zurück, die heutige Form stammt größtenteils aus dem 16. Jahrhundert. Sie

wurde schon damals als Vorwerk zum Schutz der Landeshauptstadt Berlin eingerichtet. Noch 1945 wurde sie militärisch genutzt. Heute gibt es dort ein kleines Museum, das Zeughaus und, auf dem Glacis davor, eine Freilichtbühne.

Köpenick

Köpenick, im Osten Berlins, ähnelt Spandau, grenzt sich jedoch weniger von Berlin ab. Der Kern des Ortes liegt auf einer kleinen Insel, im Delta von Spree und Dahme. Köpenicks Entstehungsgeschichte geht bis in die Bronzezeit zurück. Südlich der Altstadt liegt auf einer weiteren Insel ein schönes Barockschloß aus dem 17. Jahrhundert. Südöstlich des Schlosses liegen ausgedehnte Wälder und Seen, so daß sich Köpenick zum Ausgangspunkt für Ausflüge ins Grüne oder ins Blaue eignet. Berühmt wurde die Stadt durch den „Hauptmann von Köpenick", den 57-jähri-

Siegessäule

Obendrüber und Untendurch: Die VBB

Wer einträchtig mit den Berlinern im Stau stehen, zwischen Baustellen Slalom fahren und seine Zeit mit der Parkplatzsuche vertändeln möchte, der sollte sich voller Vorfreude mit dem eigenen Auto auf den Weg machen. Allen Übrigen sei empfohlen, sich diesen Streß zu ersparen und sich von den Berliner Verkehrs-Betrieben (ehemals BVG, jetzt VBB) fahren zu lassen. Viele während der Teilung Berlins stillgelegte Strecken sind bereits wieder in Betrieb genommen. Im Stadtgebiet knüpfen U-Bahnen, S-Bahnen, Straßenbahnen, Busse und sogar Schiffslinien ein engmaschiges Netz, so daß Sie Ihre Ziele relativ einfach und halbwegs preiswert erreichen können – Lokalkolorit inklusive. Und wenn Sie noch weiter wollen, steht die Regionalbahn zur Verfügung. Für übriggebliebene Nachtschwärmer gibt's den öffentlichen „Lumpensammler"-Service: Spezielle Nachtlinien per Bus oder Straßenbahn nehmen Sie mit.

Die U-Bahn fährt nicht immer nur unterirdisch: Die berühmte Linie 1 beispielsweise legt den größten Teil ihrer Strecke „über Tage" zurück. In den ersten Zügen morgens gegen halb fünf Uhr begegnen sich übernächtigte Gestalten und Frühaufsteher, die letzten Züge fahren zwischen Mitternacht und halb ein Uhr (wochenends meist eine Stunde später). Die Linien 1 und 9 verkehren Freitag- und Sonnabendnacht durchgehend. Ihr Fahrrad können Sie außerhalb der Stoßverkehrszeiten mitnehmen (Ermäßigungsfahrschein). „Zuuurückblei'm!" brüllt der Zugabfertiger am Bahnhof, während die letzten Unerschrockenen durch die sich schließenden Türen hechten.

Die S-Bahn – vor dem Krieg das wichtigste Beförderungsmittel – schafft nicht nur Verbindungen im Stadtgebiet, sondern bringt Sie auch nach Jotwedee: bis nach Wannsee und Potsdam, nach Oranienburg oder Grünau. Von ca. 4 Uhr bis 1.30 Uhr verkehren die Züge im Rhythmus von 10 bis 30 Minuten. In den Wagen der „Holzklasse" oder à la High-Tech- und Plastik-

charme kann der Drahtesel ohne zeitliche Beschränkung mit.
Wenn Sie mit dem Bus fahren, vergegenwärtigen Sie sich die
Allmacht der Buslenker: Sie kassieren, kontrollieren (vorne ein-
steigen und den Fahrschein vorzeigen!), geben Auskünfte und
Anweisungen. Widersetzlichkeiten werden oftmals in ruppigem
Kasernenton geahndet. Meistens verkehren Doppeldeckerbusse,
deren obere Etagen während der „Stadtrundfahrt zum Normaltarif" Ausblick erlauben. Beliebte Sightseeing-Linie mit dem
„großen Gelben": die Nummer 100, auf deren Route zwischen
Zoo und Alexanderplatz viele Sehenswürdigkeiten liegen. Zwischen 1 und 4 Uhr nachts verkehren über 40 Nachtbus-Linien
ungefähr im 30-Minuten-Takt. Einen Überblick über die wichtigsten nächtlichen Stationen gibt das Nachtbusliniennetz, das
kostenlos an den Ticketschaltern der U-Bahnhöfe erhältlich ist.
Die Straßenbahn verkehrte in den letzten 25 Jahren ausschließlich im Ostteil der Stadt, an eine Wiederaufnahme des Betriebs
im Westen wird inzwischen gedacht. Auf Schienen dahinzuk-
kelnd eignet sich auch die „Tram" für gemütliche Stadtrundfahrten, und ihre Bedeutung für den Nachtverkehr ist
keinesfalls zu unterschätzen.

Und wenn der Kontrolletti kommt...

Berlin als Eldorado der „Fahrer zum Nulltarif" hat weitgehend
ausgedient. Angesichts relativ preiswerter Dauerkarten und ver-
stärkter Kontrollen ist der „Volkssport Schwarzfahren" nicht
mehr rentabel: 60 DM muß der Schwarzfahrer zahlen, das ist
mehr als beispielsweise ein Student für eine Monatsmarke aus-
gibt. Hat er das Geld bei sich, bekommt er immerhin noch eine
Fahrkarte ausgestellt. Kann er nicht bar bezahlen, wird er
zwecks Aufnahme der Personalien „beiseitegenommen" – ohne
Ausweispapiere wird's dann richtig kompliziert. Dabei sind die
Kontrollmodalitäten noch recht publikumsfreundlich: Die Mit-
arbeiter der BVG treten fast immer uniformiert auf. Doch wenn
man bei der Einfahrt in den U-Bahnhof plötzlich eine Gruppe
„Blaue" entdeckt, die sich überdies vor dem eigenen Wagen
aufbauen, ist es meist schon zu spät. Alle Türen werden besetzt,
und man kann nicht einmal mit Sicherheit sagen, ob die Insas-
sen des betreffenden Waggons oder die Aussteiger kontrolliert
werden sollen. Schon mancher, der dann hektisch die Flucht zu

ergreifen versuchte, mußte feststellen, daß er besser einfach weitergefahren wäre. Nicht alle jedoch, die es bei solcher Gelegenheit „erwischt", sind notorische „Beförderungserschleicher". Im Berliner Tariflabyrinth soll es auch durchaus Gutwilligen bereits passiert sein, sich ohne böse Absicht beim Kauf der Fahrkarte vergriffen zu haben. Damit Sie nicht zum Schwarzfahrer wider Willen werden, hier die wichtigsten Hinweise für...

Die richtige Fahrkarte

Das Zusammenwachsen der beiden Stadthälften hat nicht nur Auswirkungen auf das Liniennetz, sondern auch auf das Tarifsystem: Noch gibt es verschiedene Preiszonen für West (Tarif A) und Ost (Tarif B). Die Tücke dabei: Im Tarifgebiet der BVG-West gelten die Fahrausweise nach dem billigeren Ost-Tarif (nachfolgend immer an zweiter Stelle genannt) nur in Verbindung mit einem Personaldokument des ehemaligen Ost-Berlin bzw. der neuen Bundesländer. Ohne ein solches gilt die Benutzung eines Tarif-B-Fahrscheins auf West-Berliner Gebiet als bußgeldträchtiges Schwarzfahren. Für den allgemeinen Überblick holen Sie sich am besten in einem U-Bahnhof am Ticketschalter den aktuellen Liniennetzplan, in dem neben U-, S- und Regionalbahnlinien auch die Tarifgrenzen und Park & Ride-Bahnhöfe eingezeichnet sind. Die im weiteren aufgeführten Preise verstehen sich ohne Gewähr, da bereits die nächsten Erhöhungen diskutiert werden.

Einzelfahrscheine (Normaltarif) kosten 3,50/3,10 DM und sind für zwei Stunden im Gesamtnetz (inklusive Umsteigen, Unterbrechungen, Rück- und Rundfahrten) gültig. Ebenso die ermäßigten Tarife für Kinder von 6-14 Jahren, Schüler und Arbeitslose mit gültigem Ausweis zu 2,30/2,00 DM.

Sammelkarten mit vier Fahrten kosten zum Normaltarif 12,00/10,50 DM, zum Ermäßigungstarif 7,80/6,80 DM.

Der Kurzstreckentarif ist eine komplizierte Sache, denn es gelten unterschiedliche Benutzungsbedingungen in den zwei Tarifzonen. In Zone A (ehemals Westberlin) dürfen Sie drei Stationen U/S-Bahn oder sechs Busstationen fahren. Umsteigen ist nur von Bahn zu Bahn gestattet. In Zone B (ehemals Ostberlin) gilt die Kurzstrecke ebenfalls für drei U/S-Bahnhaltestellen inklusive Umsteigen. Fahren Sie aber Bus oder Straßenbahn, dürfen Sie nicht umsteigen, dafür mit einer Linie innerhalb des Ostteils so weit fahren, wie Sie wollen. Die Normalfahrscheine für Erwachsene kosten 2,30/2,00 DM (Sammelkarte 7,80/6,80 DM), die Ermäßigungsfahrscheine 1,80/1,20 DM (Sammelkarte 6,00/4,00 DM).

Das Berlin-Ticket kann sich für Tagesbesucher lohnen. Nach Abstempelung ist die Karte 24 Stunden gültig. Sie kostet für Erwachsene 13,00 DM in beiden Tarifzonen. Die Mitnahme eines Kindes von 6-14 Jahren, eines Hundes, Fahrrades oder Gepäckstücks ist eingeschlossen. Ein weiteres Kind zum Ermäßigungstarif zahlt 6,50 DM.

Die 6-Tage-Karte für 33,00/28,00 DM ist übertragbar und ein günstiges Angebot für Berlin-Besucher, die etwas länger bleiben wollen. Leider ist ihr Geltungszeitraum auf Montag bis Sonnabend festgelegt, so daß sie für Wochenendgäste kaum Sinn macht.

Die Familien-Tageskarte zu 10,00/5,00 DM gilt an Sonnabend, Sonntag und gesetzlichen Feiertagen bis 2 Uhr des Folgetages. Damit können mindestens ein Erwachsener und ein Kind, höchstens zwei Erziehungsberechtigte gemeinsam mit all ihren Kindern unter 16 Jahren fahren.

SMA

Die Umweltkarte lohnt sich, wenn Sie in einem Monat mindestens zweieinhalb Wochen bleiben oder sie mit jemandem teilen können, denn sie ist übertragbar. Für DM 82,00/70,00 pro Monatsmarke sind Sie im Gesamtraum Berlin mobil und können außerdem einen Hund, ein Gepäckstück oder ein Fahrrad mitnehmen.

Weitere Hinweise zur Orientierung...

- U-Bahnen sind blau-weiß, S-Bahnen grün-weiß gekennzeichnet. Busse tragen dreistellige, Straßenbahnen zweistellige Nummern. Nachtlinien sind an dem vorgesetzten „N" zu erkennen.

- Fahrkarten- und Stempelautomaten befinden sich in der Nähe der Ein- und Ausgänge oder auch auf dem Bahnsteig.

- Achten Sie immer darauf, ob Ihre jeweilige Fahrkarte an einen Zeitstempel gebunden ist, und vergessen Sie das Stempeln nicht!

- Merken Sie sich die Endstation der Linie und die Richtung, in die Sie fahren wollen! Die Bahnlinien sind mit ihrem Endbahnhof ausgeschildert. Wenn auf einem Bahnsteig

SMA

Hackescher Markt

mehrere Linien verkehren, blendet die Anzeigetafel die nächstfolgende mit ihrem Zielbahnhof ein.

- Da die Busfahrer oft unverständliches Gebrummel von sich geben und die Tonbänder in den Bahnen bisweilen abgeschaltet sind, vorauseilen oder hinterherhinken, vergewissern Sie sich mittels der Stationsnamen auf den Bahnsteig-Tafeln, ob Sie richtig aussteigen!

- Schilder mit den oberirdischen Straßennamen führen Sie zum richtigen Ausgang.

Wichtige Adressen:

BVG-Kundenzentrum
🕐 Mo-Fr 8-18 Uhr, Sa 7-14 Uhr
Grunewaldstr. 1 (Schöneberg),
U Kleistpark

BVG-Kundendienst
🕐 tägl. 8-23 Uhr
☎ 752 70 20,
Schreibtelefon ☎ 752 13 00

BVG-Pavillon (C3)
🕐 tägl. 8-20 Uhr
Hardenbergplatz (Charlottenburg)
vor dem Bahnhof Zoo

Informationszentrum „Städtischer Nahverkehr" (H4)
🕐 Mo-Fr 8-15.45 Uhr
Im S-Bahnhof Alexanderplatz
(Mitte) ☎ 243 622 77

BVG-Fundbüro
🕐 Mo, Di, Do 9-15, Mi 9-18,
Fr 9-14 Uhr
Lorenzweg 5 (Tempelhof)
☎ 751 80 21, U Ullsteinstraße

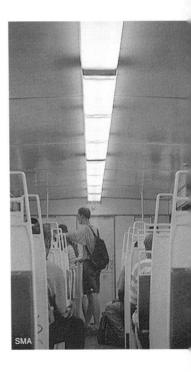

SMA

Wenn der Kühlschrank leer ist und der Magen bereits auf Kniehöhe hängt, wenn die Nacht anstrengend war oder der Kaffee alle ist... Es gibt tausend gute Gründe, auswärts zu frühstücken statt morgenmuffelig-gefrustet in den Tag zu gehen. Als übriggebliebener Nachtschwärmer finden Sie Ihre Adressen ebenso wie als Freund der gemäßigten Neun-Uhr-Zeit oder als Spätaufsteher. Die Berliner Szene neigt eher zu letzterem, weswegen die üblichen Frühstückszeiten mindestens bis in den Nachmittag ausgedehnt sind. Von Pappschrippe bis Krabbencocktail ist alles im Angebot – lassen Sie sich einen guten Morgen wünschen.

Café Aedes (B3)

Angesnobtes Kunstcafé für den blasierten Ästheten.

🕐 Frühstück 10-15 Uhr
Savignyplatz, S-Bahnbogen 599 (Charlottenburg) ☎ 312 55 04
S, Bus 149 Savignyplatz

Café Atlantic (F1)

Hier sonnen sich müßiggängernde Spätaufsteher und die Laufkundschaft, die nicht nur beglotzt werden, sondern selber glotzen will.

🕐 Frühstück 10-17 Uhr, Bergmannstr. 100 (Kreuzberg) ☎ 691 92 92
U6, 7 Mehringdamm

Carioca (A1-2)

Mehr Kneipe als Café, studentisch angehaucht, mit Frühstück von früh bis spät.

🕐 Frühstück 8.30-24 Uhr
Bayerische Str. 9 (Wilmersdorf) ☎ 883 52 62
U7 Konstanzer Straße, Adenauerplatz

Café Crell

Kleines, warmes Kiezcafé mit einladender Korbbestuhlung und preiswertem Frühstück. Sonntags gibt's Frühstücksbuffet zum Einheitspreis.

🕐 Frühstück Mo-Sa ab 9 Uhr, So ab 10 Uhr
Crellestr. 46 (Schöneberg) ☎ 782 04 57
U 7, Bus 148, 183, 104 Kleistpark

Café Eisenwerk

Galeriecafé in Rost und Stahl mit vielseitigem Frühstücksangebot.

🕐 Frühstück ab 10 Uhr
Sredzkistr. 33 (Prenzlauer Berg) ☎ 442 21 22
U2 Eberswalder Straße

Graefitti (H1)

Für Leute mit ausgeprägtem Frühstückslaster gibt's hier täglich Buffet!

🕐 Frühstück ab 9 Uhr, Graefestr. 92 (Kreuzberg) ☎ 692 74 02
U8 Schönleinstraße

Inside (A2)

Für die, die die Nacht zum Tag machen!

🕐 Frühstück durchgehend von 18-10 Uhr
Kurfürstendamm 143 (Charlottenburg) ☎ 891 15 95
U7 Adenauerplatz

Café Jenseits (G3-H2)

Nettes, bunt gemischtes Frühstück in netter, bunt gemischter Kneipe.

🕐 Frühstück 8-16 Uhr, Oranienstr. 16 (Kreuzberg) ☎ 615 29 01
U1, 8 Görlitzer Bahnhof, Kottbusser Tor

Kleisther

Großes, bemüht galeristisches Schwarz-Weiß-Café mit leckerem Frühstück.

🕐 Frühstück 9-16 Uhr, Hauptstr. 5 (Schöneberg) ☎ 784 67 38
U7 Kleistpark

Lothar und Ich

Zu früher Stunde gibt's frische Berliner Papp-Schrippen.

🕐 Frühstück ab 6 Uhr, durchgehend geöffnet
Dominicusstr. 46 (Schöneberg) ☎ 784 41 42
S Schöneberg

Café Lux

Belebtes und beliebtes Café auf der Szenemeile Goltzstraße.

🕐 Frühstück 9-15 Uhr, Goltzstr. 35 (Schöneberg) ☎ 215 96 74
U7 Eisenacher Straße

Meilenstein (F5-G4)

Schon das morgendliche Treiben auf der Oranienburger unter die Lupe nehmen.

🕐 Frühstück 9-15 Uhr, Oranienburger Str. 7 (Mitte) ☎ 282 89 95
S Hackescher Markt

Memory

Beliebte Moabiter Kiezkneipe, für Abstürzler und Frühaufsteher gleichermaßen geeignet.

🕐 Frühstück ab 4 Uhr, Birkenstr. 17 (Tiergarten) ☎ 396 75 00
U9 Birkenstraße

Musikcafé Merryland (B/C2)

Wenn die Nacht hart und der Hunger groß ist...

🕐 Frühstück ab 3 Uhr
Lietzenburger Str. 2 (Schöneberg) ☎ 211 17 80
U1, 2, 15 Wittenbergplatz

Monte Video (C1-D2)

Narzistenfreundlich verspiegelt. Die Fotografie-, Mode- und Grafik-Schüler von um die Ecke gehen da auch alle hin!

🕐 Frühstück Mo-Sa ab 8 Uhr, So ab 10 Uhr
Motzstr. 54 (Schöneberg) ☎ 213 10 20
U4 Viktoria-Luise-Platz

Café Mora (F1-2)

Ruhiges Galeriecafé mit Frühstück wider den normalen Rhythmus.

🕐 Frühstück 11-23 Uhr
Großbeerenstr. 57a (Kreuzberg) ☎ 785 05 85
U6, 7 Mehringdamm

Café Savo

Sparsam eingerichtet und ruhig gestimmt. Für den besinnlichen Tagesanfang.

Ⓒ Frühstück 9-16 Uhr, Goltzstr. 3 (Schöneberg) ☎ 216 62 25
U7 Eisenacher Straße

Schwarzes Café (A3-B4)

Bewährtes Zwei-Etagen-Café für Jedermann mit Frühstück non-stop.

Ⓒ Frühstück durchgehend von Mi 11 Uhr - Mo 3 Uhr
Kantstr. 148 (Charlottenburg) ☎ 313 80 38
S Bus 149 Savignyplatz

Café Stresemann (F3-2)

Großraumkneipe im Alt-Berliner Holzstil. Am Sonntag gibt's dann auch Berliner Buffet und Live-Musik.

Ⓒ Frühstück 9-13 Uhr,
Stresemannstr. 90
(Kreuzberg) ☎ 261 17 60
S, Bus 129 Anhalter Bahnhof

Café Tomasa (C1-D2)

Das Frühstück ist bekann-termaßen ebenso einfalls-reich wie reichlich.

Ⓒ Frühstück 9-16 Uhr,
Motzstr. 60 (Schöneberg)
☎ 213 23 45
U4 Viktoria-Luise-Platz

Café Voltaire

Hier braucht niemand auf die Uhr zu schauen. Was will man mehr?

Ⓒ Frühstück durchgehend
Mo 6 Uhr - So 1 Uhr
Stuttgarter Platz 14
(Charlottenburg)
☎ 324 50 28
S Charlottenburg,
U7 Wilmersdorfer Straße

In der Goltzstraße

Tiergarten (D3)

Mitten in der Stadt, zwischen dem westlichen und dem östlichen Stadtzentrum, liegt der Tiergarten. Er erstreckt sich entlang der Straße des 17. Juni, vom Bahnhof Zoo im Westen bis zum Reichstag und zum Brandenburger Tor im Osten. Ein weitläufiger Englischer Park, den leider einige Straßen zerteilen. Trotzdem sind die einzelnen Stücke noch groß genug, um sich in Ruhe zu erholen.

Neuer See (C3)

Der Neue See ist ein verzweigter, künstlicher See mit vielen Buchten und Inselchen. Hier kann man auch Ruderboote mieten, zu touristenüblichen Preisen von etwa DM 20 pro Stunde.

Rosengarten

Der Rosengarten im Volkspark Friedrichshain (Bus 100) ist ein wundervolles, ein wenig verstecktes Fleckchen mit einem Springbrunnen umgeben von einem wahren Rosenmeer. Ein idyllischer Ort für Romantiker und Verliebte.

Reichstag (D4)

Am Reichstag gibt es wenig Bäume, dafür aber die größten Freiflächen, die an den Sommerwochenenden für Picknicks, Fuß-, Volley-, Handball-, Boule- und Federball genutzt werden. Da es in dieser Gegend eine (halb-)offizielle Grillerlaubnis gibt, liegt regelmäßig eine Wolke von Holzkohlefeuern und Fett über den Wiesen. Nichts für Freunde einsamer Sonnenuntergänge, stattdessen ein Ort mit Lokalkolorit und Volksfestcharakter.

S3 Tiergarten, Bellevue, S1 Unter den Linden, U9 Hansaplatz

Schloßpark Charlottenburg

Der Park des Schlosses Charlottenburg wurde ursprünglich im französischen Stil angelegt und später, Anfang des 19. Jahrhunderts, in einen englischen Landschaftsgarten umgestaltet. Die französischen Formen prägen den vorderen Teil. Je weiter man hineingeht, desto mehr wandelt sich die Anlage. Ein schönes, recht ruhiges Fleckchen, das im Osten bis an die Spree reicht.

Viktoriapark

Der kleine Viktoriapark liegt an den Hängen des Kreuzbergs, der, anders als die meisten Erhebungen in Berlin, natürlichen

Ursprungs ist. Seinen Gipfel krönt das Nationaldenkmal der Befreiungskriege von 1813-15. Am Fuß des Monuments entspringt ein künstlicher Wasserfall, der nur im Sommer eingeschaltet und nachts beleuchtet wird. Er liegt genau in der Flucht der Großbeerenstraße, von wo aus er einen bizarren Anblick bietet. Rund um den Park reihen sich originelle Cafes und Restaurants. Besonders zu Sylvester trifft man sich hier gern, da die Anhöhe eine gute Aussicht auf das Feuerwerk über der Stadt bietet.

U Platz der Luftbrücke.

Hasenheide

In Neukölln, einem der klassischen Arbeiterbezirke Berlins, liegt der Volkspark Hasenheide. Eine weitläufige Anlage mit einer Anhöhe, von der man den Flughafen Tempelhof überblickt. Ferner findet man ein kleines Tiergehege am Nordrand sowie ein Freilichttheater, das im Sommer unregelmäßig für Aufführungen oder Rockkonzerte genutzt wird. Im April/Mai finden regelmäßig die Neuköllner Maientage statt, ein traditioneller Rummel. Danach braucht das Gras immer eine Weile, bis es sich erholt hat.

U7 Südstern und Hermannplatz,
U8 Hermannplatz, Boddinstraße

Volkspark Friedrichshain

In Friedrichshain liegt der älteste große Volkspark, entstanden Mitte des letzten Jahrhunderts. Gleich hinter dem Eingang am Königstor (Ecke Friedenstraße/Am Friedrichshain) steht man vor dem Märchenbrunnen, verziert mit Figuren nach den Märchen der Gebrüder Grimm. Hier trafen sich vor der Wende die Ostberliner Schwulen – und auch heute noch ist der Brunnen unter ihnen beliebt.

Auf dem Kreuzberg

Treptower Park

Östlich an Neukölln grenzt der Bezirk Treptow mit dem Treptower Park. Dieser hält (besonders für ahnungslose Wessi-Touristen) eine Überraschung bereit, die in Deutschland ihresgleichen sucht. Gemeint ist das 1946-49 erbaute Sowjetische Ehrenmal, die letzte Ruhestätte von rund 5000 Rotarmisten. Der Euphemismus „Sozialistischer Realismus" hat in den letzten Jahren in Westdeutschland hinreichend die Runde gemacht, so daß die meisten eine gewisse Vorstellung davon bekommen haben. Anders verhält es sich mit dem Begriff „Stalinistischer Monumentalstil", der sich über Fotos oder Fernsehreportagen nicht vermitteln läßt. Kaum einem, der diese Anlage zum ersten Mal besucht, bleibt eine gewisse Erschütterung erspart.

S Treptower Park

Grunewald

Der Grunewald ist das traditionelle Naherholungsgebiet der Berliner mit der üblichen Infrastruktur von Cafés, Restaurants, Kneipen, Minigolfbahnen, Spielplätzen usw. Er war das wichtigste Ausflugsziel für die Berliner zu Zeiten der Mauer. Den Grunewaldsee kann man in weniger als einer Stunde umwandern. Auf der Ostseite steht das Jagdschloß Grunewald, der einzige erhaltene Berliner Renaissancebau. Es beherbergt jetzt eine Gemäldesammlung vorwiegend deutscher und niederländischer Meister, außerdem in einem Nebengebäude ein Jagdzeugmuseum mit einer Sammlung historischer Waffen.

🕓 Sommer Di-So 10-18, Winter 10-16 Uhr.

Wannseeseite

Das Havelufer mit seinen Badestränden, erreicht man über die Havelchaussee (Bus 218). Für Autos bestehen sporadische Fahrverbote (24-6 Uhr). Eins der traditionellen Ausflugsziele ist das Strandbad Wannsee, das man am bequemsten über den S-Bahnhof Nikolassee oder mit dem Bus 513 erreicht. Fährt man die Havelchaussee mit dem Bus nach Norden, so kommt man am Grunewaldturm vorbei, einem 55 m hohen Aussichtsturm aus dem Jahre 1897. Vom benachbarten Gartenrestaurant aus hat man einen schönen Ausblick nach Westen auf das gegenüberliegende Havelufer.

Pfaueninsel

Südlich des Wannsees, dicht vor der Stadtgrenze, liegt die Pfaueninsel in der Havel. Ihren Namen trägt sie wegen der freilebenden Pfauen, die schon seit 1795 hier heimisch sind. Ihr heutiges Aussehen verdankt sie Friedrich Wilhelm II. und Königin Luise, für die sie ein beliebter Sommeraufenthalt war. Es gibt ein kleines Schlößchen, verschiedene Pavillons, eine Menagerie, eine Meierei und abwechslungsreiche Parkanlagen. Hier befinden sich keine Restaurants, denn die Insel ist seit 1924 Naturschutzgebiet. Man erreicht sie über eine Fähre (über S-Bhf. Wannsee und Buslinie 316).

Teufelsberg

Im Norden des Grunewalds liegt der Teufelsberg, der größte aller Schuttberge. Am Nordhang gibt es für Wintersportler nicht nur eine Rodelbahn, sondern auch einen Skihang und zwei Sprungschanzen. Auf der anderen Seite hat der Berliner Alpenverein einen Kletterfelsen aus Beton errichtet. Mit der Radarstation auf dem Gipfel des Teufelsbergs hörten die Amerikaner den Funkverkehr ab – bis über den Ural hinaus. Derzeit werden neue Nutzungskonzepte diskutiert.

Teufelssee

Südlich des Bergs findet man den Teufelssee, ganz idyllisch im Walde gelegen. Er ist besonders bei Nacktbadenden beliebt und im Sommer stark frequentiert. Wer auf die VBB angewiesen ist, muß eine kleine Wanderung in Kauf nehmen.

S Grunewald

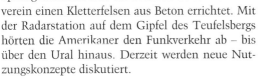

Im Treptower Park

Gedächtniskirche

Berliner Ansichten aus der Vogelperspektive – Tips für Weitblikkende, Fresh-Air-Fans, sportliche Treppensteiger und Kaffeetrinker in luftigen Höhen.

Siegessäule 69 m (D4)

Über allem thront die „Goldelse". Vorsicht! Der Aufstieg zur Aussichtsplattform in 48 m Höhe fordert Puste: 285 Stufen ohne Fahrstuhl, dafür aber schöner Rundblick über den Tiergarten.

🕐 Di-So 9-18 Uhr, 1,50 DM
Großer Stern, Tiergarten
☎ 391 29 61
S, Bus 100, 187, 341 Tiergarten, Bellevue, U9 Hansaplatz

Funkturm 150 m

Der Berliner Eiffelturm oder auch „Langer Lulatsch": ein Sendemast in Stahlgitterkonstruktion. Zur Aussichtsplattform in 126 m Höhe jagt man mit Lift und Ohrensausen. Das Funkturmrestaurant in 55 m Höhe wurde im Stil der 20er Jahre wiederhergestellt. Blick auf Grunewald, Messegelände und Innenstadt.

🕐 tägl. 10-23 Uhr, 5,00 DM
Masurenallee (am Messegelände) ☎ 3038-0
U2, Bus 104, 105, 149 Kaiserdamm, Theodor-Heuss-Platz, S Witzleben, Westkreuz

Fernsehturm 365 m (H4)

Den weitesten Blick über Berlin hat man vom „Telespargel"
aus. Das zweithöchste Bauwerk Europas lockt mit Aussichtsplattform (203 m) und drehkugeligem „Tele-Café" (207 m).

🕐 tägl. 9-24 Uhr, letzter Einlaß 23 Uhr, 6,00 DM
Panoramastraße (am Alexanderplatz) ☎ 242 33 33
S, U2,5,8 Alexanderplatz

Grunewaldturm 55 m

Auf dem 79 m hohen Karlsberg gelegen bietet der Turm eine
schöne Aussicht über die Havellandschaft. 205 Stufen zum Mit-
zählen!

🕐 tägl. 10 Uhr bis Einbruch der Dunkelheit
Havelchaussee (Karlsberg), Bus 218

Glockenturm 77 m

NS-Architektur auf dem
ehemaligen „Reichs-
sportfeld". 1935 für die
Olympiade errichtet,
bietet der Glockenturm
(samt Expreßaufzug)
Ausblick auf den Berli-
ner Westen.

🕐 April bis Oktober tägl.
9.30-17.30 Uhr, 3,00 DM
Am Olympiastadion
(Maifeld) ☎ 305 81 23
U2 Olympiastadion

Kreuzberg 66 m

Natürliche Erhebung
mit Viktoriapark und
Berlins einzigem (künst-
lichem) Wasserfall. Vom
Schinkel-Denkmal
obenauf hat man einen
schönen Blick über
Kreuzberger Dächer auf
weite Teile der Stadt-

Der Fernsehturm

mitte. Wo einst Wein angebaut wurde, trifft sich heute die Szene zum Sonnenbaden und zum nächtlichen Stelldichein mit Bierdose.

Kreuzbergstraße, S1, 2, U7, Bus 140, 104 Yorckstraße

Teufelsberg 115 m

Man muß nur wissen, wohin mit den Resten: der bepflanzte Trümmerschuttberg am Teufelssee mit Blick auf Havellandschaft, Grunewald und City wird von den Berlinern sommers wie winters als Freizeitoase geschätzt.

Teufelsbergchaussee, S3, 7, Bus 149, 219 Grunewald

Französischer Dom 40 m (G3)

Klassizismus live am Gendarmenmarkt! Wen Hugenotten-Museum, Glockenspiel und Weinstuben nicht locken, sollte zumindest die Aussichtsbalustrade mit schönem Blick über die Innenstadt erklimmen.

🕐 Mo-Sa 10-16 Uhr, Am Gendarmenmarkt
U6 Französische Straße, Stadtmitte, Hausvogteiplatz, Bus 147, 257

Blick vom Französischen Dom zum Gendarmenmarkt

Berlin ist flach, und die wenigen Erhebungen sind fast alle künstlich aufgeschüttet, meistens aus dem Trümmerschutt des letzten Krieges. Die Seen hingegen sind echt. Kleine Hügel, sandiger Boden, Eichen-Mischwälder sind die Hinterlassenschaft der letzten Eiszeit.

Ausflugsschiffe gehören seit dem Beginn der Industrialisierung zum Stadtbild Berlins. Die langen, zusammenhängenden Seenketten schreien förmlich danach. In der Tat kann man mit einem Boot bis nach Hamburg im Nordwesten oder Stettin im Nordosten gelangen. Diese Verbindungen werden auch als Verkehrswege genutzt.

Im Sommer gibt es kaum einen schöneren Ausflug als den mit dem Schiff. Selbst in der Übergangzeit kann man solchen Fahrten noch eine Menge abgewinnen. Vielleicht ist es nicht mehr warm genug, die ganze Zeit an Deck zu verbringen, aber es steht einem schließlich frei, nach unten zu gehen und sich ein Glas Tee mit Rum zu bestellen.

Die Reedereien

Einige Reedereien in Berlin besitzen Ausflugsschiffe. Die größte ist die Stern- und Kreis-Schiffahrt, im Jahre 1889 gegründet. Sie verfügt über rund 30 Schiffe mit bis zu 700 Plätzen. Darunter auch ein frisch restauriertes, historisches Dampfschiff: Die „Kaiser Friedrich", Baujahr 1886.

Stern und Kreis Schiffahrt GmbH, 12435 Berlin (Treptow), Puschkinallee 16-17 ☎61 73 90-0

12 weitere kleinere Reeder sind im Reederverband zusammengefaßt. Sie führen insgesamt 31 Schiffe, die jeweils Raum für 84 bis 500 Personen bieten.

Reederverband e.V., 13507 Berlin (Wannsee) Gabrielenstraße 35 ☎434 89 80 bzw. 803 87 53 (Kasse Wannsee)

Die Anlaufpunkte

Will man einen Ausflug mit dem Dampfer machen, so hat man in Berlin eine große Auswahl unterschiedlicher Routen. Von kurzen Rundfahrten im Stadtinneren (ab einer Stunde) bis hin zu Tagesausflügen ins Umland. Die Fahrten beginnen an einem bestimmten Punkt, jedoch kann man bei längeren Trips auch an anderen Haltestellen zusteigen. Hier die wichtigsten Anlaufstellen:

Palastufer (G4)

In Mitte gibt es im Bereich der Karl Liebknecht-Straße mehrere Anlegestellen an beiden Spreearmen. Hier starten meist kürzere Stadtbesichtigungsfahrten.

S Hackescher Markt, Busse 100, 157

Treptower Park

Der günstigste Punkt, um eine Fahrt nach Südosten anzutreten. Ziel ist meist der Müggelsee. Eine große Anlegestelle, gut ausgeschildert, liegt am Spreeufer nicht weit von der Straßen- und Eisenbahnbrücke entfernt.

S Treptower Park

Tegel

Nördlich von Spandau findet man noch einen größeren See – den Tegeler See. Er ist besonders attraktiv wegen der vielen

Spree, Bhf. Friedrichstraße

Inseln im südlichen Teil. Am nördlichen Ende dagegen liegt die Greenwichpromenade, von der aus Fahrten ins nördliche Umland möglich sind.

U6 Tegel

Spandau

An der Havel in der Spandauer Altstadt liegt die Anlegestelle Lindenufer. Hier starten Fahrten nach Norden bis Oranienburg.

U7 Altstadt Spandau

Wannsee

Die größte Anlegestelle Berlins, fast schon ein Hafen. Kaum zu übersehen, liegt sie nördlich der Wannseebrücke direkt vor dem S-Bahnhof Wannsee. Eine Vielzahl von Schiffen befährt alle erdenklichen Routen, die meisten Richtung Südwesten, ins Umland.

S1 / 3 Wannsee

Die Routen

Stadtmitte-Rundfahrt

Kurze Stadtrundfahrten führen meist auf der Spree durch den Bezirk Mitte, vorbei am Pergamonmuseum und dem Berliner Dom. Einige fahren bis zur Schloßbrücke (Schloß Charlottenburg) im Westen oder nach Treptow im Osten. Leider grenzen in der Stadtmitte die Häuser und Straßen unmittelbar an den Fluß. Dadurch sind die gemauerten Ufer so hoch, daß man nur selten über sie hinwegsehen kann.

Dauer: 1-3½ Stunden, Preis: DM 10-20, Start: Palastufer

Müggelsee

Von der Anlegestelle am Treptower Park gehen einige längere Ausflugsfahrten nach Osten. Man fährt zunächst auf der Spree durch die Bezirke Treptow und Schöneweide. Hier säumen alte Industrieanlagen die Ufer. Danach durchquert man den Ortskern von Köpenick und erreicht den Müggelsee, einen traditionellen Ausflugsort. Einige Touren enden hier, andere gelangen über die Müggelspree in den Dämmeritzsee nach Erkner oder nach Woltersdorf bzw. Grünheide.

2-5 Stunden, DM 10-25, Start: Treptower Park

Tegeler See

Von hier aus bietet sich ein Ausflug über die nördlich angrenzenden Seen an: Heiligensee, Henningsdorf und über die Havel bis Oranienburg.

2-5 Stunden, DM 11-19, Start: Greenwichpromenade

Wannsee, Havel, Umland

Die längsten, landschaftlich schönsten und abwechslungsreichsten Fahrten beginnen am Wannsee.

Richtung Norden

Nach Norden, auf der Havel stadteinwärts, kann man stundenlang unterwegs sein. Über die Spandauer Schleuse erreicht man Spandau und den Tegeler See. Von der Glienicker Brücke bis zur Heerstraße gleicht die Havel einem breiten, langen See. Im Sommer sieht man das Wasser kaum vor Segelbooten. Danach durchquert man ein schmales Flußbett, kurz vor der Spandauer Schleuse ein kleines Industriegebiet. Dann hat man einen guten Blick auf die Spandauer Zitadelle.

1-3 Stunden, DM 12,50-19,50, Start: Wannsee

SMI

Richtung Süden

Ab Wannsee gibt es zwei Wege, denn der Bezirk Wannsee ist, genau genommen, eine Insel, die man südlich oder nördlich umfahren kann. Hinter Potsdam befindet sich der Templiner See, an dessen südlichem Ende der Gartenort Caputh liegt, wo Einstein ein Sommerhäuschen besaß. Danach folgt der Schwielowsee, von wo aus ein Nebenfluß nach Nordwesten zum Zernsee abzweigt. Hier liegt Werder, ein weitläufiges Obstanbaugebiet. Die Baumblüte im Frühjahr ist hier ein Fest, das Touristen von weither anlockt. Die Gartenlokale öffnen, auch wenn das Wetter noch auf der Kippe steht, und die Straßen dieses sonst beschaulichen Ortes sind übervölkert. Dann beginnt das platte Land, um den Ort Ketzin. Man kann noch bis Brandenburg weiterfahren, durch eine unberührte Landschaft, wie man sie in ganz Westdeutschland nicht findet. Die Havel hat an dieser Stelle einen anderen Charakter: eng und kurvenreich, stellenweise sumpfig. Brandenburg ist eine alte Domstadt, hat aber unter dem Sozialismus stark gelitten. Wer jetzt genug Wasser gesehen hat, kann von hier aus mit einem Nahverkehrszug nach Berlin zurückfahren.

kürzere Rundfahrten ab 1½ Stunden, längere max. 10 Stunden (Brandenburg und zurück), DM 10-30, Start: Wannsee

Sonderfahrten

Außer diesen festen Ausflugs-, Rund- oder Kaffeefahrten bieten alle Reedereien noch Ausgefalleneres an. Mondschein-Tanzparty, Pfingst-Frühkonzert, Wannsee in Flammen, Country-Time oder Tanz in den Mai – die Angebote sind vielseitig und wechseln jährlich. Auskunft bieten die Prospekte, die an den Anlegestellen oder auch bei den Touristen-Informationsstellen erhältlich sind.

Chartern kann man die Schiffe übrigens auch. Für größere Feste, z.B. eine Hochzeit, für die man dann allerdings ein paar Mark locker machen muß.

An dieser Stelle von **Berlin spontan** fragen Sie sich sicherlich, ob Sie in Ihren Reisekoffer außer Pumps und Abendrobe, den Siebenmeilenstiefeln zum Ablaufen von Ku'damm und Unter den Linden, der zweckmäßigen Kleidung für kalt, warm und feucht, auch noch die Sportschuhe, den Racket und den Jogginganzug einpacken sollen.

Auch in Berlin ist ein Großteil des Sportangebots in den festen Händen des Landessportbunds, der den umfassenden **Freizeitsportkalender** herausbringt (LSB Jesse-Owens Allee 1-2, 14053 Berlin, ☎ 300 02-0). Alle Freizeiteinrichtungen, Sportstätten und zahlreiche kommerzielle Anbieter bieten Interessierten – also auch Ihnen – Möglichkeiten zum „Reinschnuppern" zu eröffnen. Schließlich ist Berlin eine Sportstadt! Oder haben Sie sich bei Ihrem Besuch am Brandenburger Tor etwa nicht umringt gesehen von Joggern im bunten Laufdress, Unmengen von Radfahrern, Skateboardern? Sind Ihnen etwa nicht einige Meter weiter im Tiergarten die Volleyballer aufgefallen oder die Frisbeespieler oder die stillen Anhänger des Tai Chi?

Mischen Sie doch einfach mit beim „Sporteln in Berlin"!

Aikido

Wer dem Lärm der Großstadt entfliehen will, der zieht sich in die beschauliche Atmosphäre eines Dojos (jap.: Ort zum Üben des Weges) zurück. Gemäß den asiatischen Vorgaben haben die meist zweistündigen Übungszeiten einen rituellen Charakter. Neulinge dürfen kostenfrei teilnehmen. Vorher sollte man – der Form halber – um Mittrainiererlaubnis fragen. Die Lehrer sind Gästen gegenüber sehr aufgeschlossen.

Institut G. Walter (F1)

Das größte Dojo in Berlin, ein wahrer Aikido-Tempel. Hier wird Meditation in Bewegung gelehrt.

🕐 Mo 17, Di 19.30, Mi 18.30, Do 18, Fr 19.30 Uhr
Kindertraining Mo, Di, Do und Fr 16-17 Uhr
Mehringdamm 57 (Kreuzberg) ☎ 693 85 84
U6, U7 Mehringdamm

Schule für Bewegung und Meditation

Endlose Treppen führen zu dem über den Dächern von Berlin gelegenen, wunderschönen Dojo.

🕐 Mo, Mi 18.30-21, Fr 20-22, Sa 13-15 Uhr
Rheinstr. 45 (Steglitz)
☎ 618 18 01
U9 Walther-Schreiber-Platz

Aikido UFA-Fabrik

Auf dem Gelände der UFA hat schon Marlene Dietrich geschwitzt. In und um das Dojo herum herrscht gesellige Atmosphäre.

🕐 Mo, Mi und Fr 20-22 Uhr, Kindertraining Do 15-16 Uhr
Viktoriastr. 13 (Tempelhof)
☎ 755 03-0
U6 Ullsteinstraße

PK

American Football

Klar, daß American Football in Berlin in den letzten Jahren an Popularität gewonnen hat: ein Vermächtnis der Alliierten! Der „American Bowl" ist ein Riesenspektakel mit den besten Mannschaften, Popcorn und Cheergirls und findet jeden Herbst im Olympiastadion statt. Auskunft gibt der A.F. Verband.

American Football Verband ☎ 365 27 14

Angeln

Ein Blick auf Stadtplan und Landkarte verrät, daß 20 Autominuten vom Zentrum Berlins bereits das feuchte Anglerparadies beginnt. Dazu gehören die nahe gelegenen Seen bis ins Havelland hinein, die Mecklenburgische Seenplatte und natürlich der Spreewald. Aber: Angeln darf hier längst nicht jeder! Man benötigt einen Fischereischein und die Angelkarte für das ausgewählte Gewässer. Das Fischereiamt hilft weiter.

🕐 Fr 9-14 Uhr ☎ 300 69 90

Badminton

Badminton erfreut sich gerade während der kalten Jahreszeit großer Beliebtheit – deshalb auf jeden Fall vorbestellen!

Sporttreff Hasenheide

Die Traglufthalle liegt direkt am Park „Hasenheide" (zum Joggen geeignet) und bietet locker-sportliche Atmosphäre. Es gibt einen Shop, kleine Gastronomie, Bespannservice, Trainer und Schlägerverleih.

Je nach Tageszeit je 45 min.: Einzelfeld DM 10-26,-

Doppelfeld DM 12-27,-; Trainerstunde ab DM 40,-; Leihschläger
DM 5,- Studentenermäßigung und Blockkarten.◷ 7-24 Uhr
Hasenheide 107-108 (Neukölln) ☎622 9160
U7, U8 Herrmannplatz

Sportoase

Originell untergebracht ist dieses Sportler-Eldorado im Back-
steinbau der ehemaligen Schultheiss-Brauerei. Das sympathi-
sche Personal weist Sie auch ein in die Regeln des Squash oder
der Kardiofitness. Die gemischte Sauna ist im Preis enthalten.
Nach dem Sport kann man im stilgerechten „Sudhaus" an Ori-
ginal-Kupferbraukesseln leckere Stärkungen zu sich nehmen.

Badminton je 45 min.: 8 Einzel-Courts DM 15-28,-;
7 Doppel-Courts DM 22-32,-; Squash je 45 min.:8 Courts, DM 15-32,-
Studentenermäßigung unter der Woche
Solarium je 10 min.: 2 Liegen, DM 5,-
◷ Mo-Fr 8-23.30, Sa-So 8-22 Uhr
Stromstr. 11-17 (Moabit) ☎394 50 94
U9 Turmstraße

Ballonfahren

Berlin Ballooning (F/G3)

Sightseeing einmal anders! Ein einmaliges
Erlebnis ist die 1,5-stündige Fahrt mit ei-
nem Heißluftballon zu dritt oder acht.
Wer sich traut, wird belohnt mit guter
Sicht und einer „adeligen Überraschung".

Preise: Mo-Do DM 350,-;
Fr-So DM 400,- pro Person
◷ Startzeiten ganzjährig
tägl. ca. 7 und 17.30 Uhr
Leipziger Str. 62 (Mitte) ☎20 19 11 40

Basketball

Wer sich für Basketball interessiert, sollte auf jeden Fall mit
dem Fachverband des DSB Kontakt aufnehmen. Aufgrund der
Spieleranzahl fällt die Organisation von Spielen und Trainings
leichter, wenn Sie sich an einen Verein wenden. Im Anhang des
Sportteils finden Sie alle Kontaktadressen auf einen Blick.
Allerdings ist auch nach Berlin die amerikanische Welle des

„Streetball" herübergeschwappt, also die Straßenversion des Basketball, bei der meist 3 gegen 3 spielen. Die hiesigen Radiosender fragen sich oft über Äther „Can white boys jump?" und veranstalten Streetball-Championships. Also Augen und vor allem Ohren auf!

Behindertensport

Der Berliner Behindertensportverband e.V. mit direktem Anschluß an den Landessportbund Berlin (LSB) ist sehr aktiv. Etwa 6000 Mitglieder in 43 Vereinen bieten für Sportler mit einer Behinderung folgende Disziplinen an:

Im Bereich allgemeiner Sport: Wassergymnastik, Bewegungsspiele, Gymnastik, Sport in der Krebsnachsorge, Rehabilitationssport, Ausdauertraining, Atemtherapie, Fitness, Wandern, Yoga, Turnen, Koronarsport, Popgymnastik, Aikido und Tanzen.

Im Bereich Ballsport: Torball, Goalball, Fußballtennis, Rollstuhlbasketball, Prellball, Volleyball, Elektrorollstuhlhockey, Wasserball, Fußball und Rollstuhltennis.

Sonstige Sportarten: Schießen, Boßeln, Kegeln, Leichtathletik, Schwimmen, Skisport alpin und nordisch, Rudern, Federball, Badminton, Radsport (Tandem), Surfen, Kanu, Kajak, Bogenschießen und Rollstuhltanz.

Der Verband unterstützt seine Mitglieder sowohl im Breitensport als auch im Leistungssport. So konnten 1992 zwölf Sportler aus Berlin an den Paralympics, den Olympischen Spielen für Behinderte, teilnehmen und Medaillen und Plazierungen mit nach Hause nehmen.

Wer Lust bekommen hat, sollte mit der Geschäftsstelle Kontakt aufnehmen. Dort ist man gern bereit, den richtigen Verein herauszufinden.

🕓 Mo-Do 9-15, Fr 9-13 Uhr
BS Berlin, Kurfürstenstr. 131 **(D2)** (Tiergarten) ☎ 261 13 28
U1, U2, U4, U15 Nollendorfplatz

Billard

Hier dreht sich alles um den grünen Stoff, und zwar nicht notwendigerweise in verrauchten Spelunken um Mitternacht, sondern in durchaus gepflegten Salons.

Wer zum Spaß spielen will oder geeignete Partner sucht, hält sich am besten an folgende Adressen:

Billard International (B3-2)

Hier im ältesten Etablissement wird rund um die Uhr Pool, Snooker und Carambolage gespielt. Durch die gute Lage am Ku'damm und den Status als Traditionsbetrieb kommt auch das Publikum sportlich bis seriös daher. Gerade wenn man vorhat, am Abend an einem der 25 Tische zu spielen, sollte man unbedingt vorbestellen! Stärken kann man sich zwischendurch mit etwas behäbiger Hausmannskost à la Schnitzel & Co, selbstverständlich gibt es Tischservice und interne Turniere, die in regelmäßegen Abständen stattfinden.

Je Stunde: Pool DM 13,20; Snooker DM 15,-;
Carambolage groß DM 11,40; klein 10,20
6-14 Uhr DM 3,- weniger
Knesebeckstr. 38-49 (Charlottenburg) ☎ 883 39 12
U9, U15 Ku'damm

Snooker (H5)

Wer hierher zum Spielen kommt, kann gleich noch etwas Sightseeing betreiben, denn er befindet sich direkt in „Mitte" in unmittelbarer Nähe zur „Volksbühne", die U-Bahn-Station heißt nach Rosa Luxemburg und zur berüchtigten Oranienburger Straße ist es auch nicht sehr weit.

Hier, wo auch der Berliner Snookerverein trainiert, gibt es zwar nur 12 Tische, dafür herrscht ruhige Atmosphäre. Service am Tisch mit Getränken und kleinem Imbiß ist Standard. Die Spielzeiten werden korrekt nach Minuten abgerechnet.

DM 15,80/Std.
🕐 14-2 Uhr;
Kleine Alexanderstr. 27 (Mitte) ☎ 24 35 32 37
U2 Rosa-Luxemburg-Platz

Bogenschießen

Der Umgang mit dieser archaischen Waffe kann beim 1. Berliner Bogenschützenverein erlernt werden. Weil diese Waffe gefährlich ist, wird man erst nach 3-monatiger „Prüfung" aufgenommen. Für interessierte Neulinge wird allerdings eine kostenlose Schnupperstunde angeboten, bei der man sogar individuell betreut wird. Außerdem gibt es Einführungskurse, die über einen Monat dauern und DM 200,- kosten (für ca. 8-10 Trainingsstunden). Sollte man sich für diesen Sport entscheiden, beträgt der Vereinsbeitritt DM 300,- und der Jahresbeitrag DM 350,-. Kinder bis 7 Jahre sind frei, und Studenten erhalten eine Ermäßigung. Bei telefonischer Terminabsprache werden Fahrgemeinschaften gebildet, da das Trainingslager draußen am Wannsee liegt und für Neulinge nicht so leicht zu finden ist. Hartgesottene trainieren übrigens auch im Winter draußen, für normal kälteempfindliche Menschen gibt es während der kalten Jahreszeit gottseidank Turnhallen.

Trainingszeiten und Anfahrt nach Absprache
Albrecht Teerofen 58 (Wannsee) ☎ 803 88 29

Bowling

Ideal für größere Gruppen, die Sport und Geselligkeit miteinander verbinden möchten. Ganz wichtig ist auch hier, sich vorher telefonisch anzumelden, wenn man nicht vormittags spielen will.

Bowl & Kegel – Center

Endlich mal Bowling bei Tageslicht! Im 5. Stock vom Forum Steglitz befindet sich diese Sportanlage mit 14 Bowling- und 21 Kegelbahnen. Auf jeder Bahn werden maximal 6 Personen mit lautstarkem Applaus, Bockwurst und Gulasch in Schwung gehalten.

Bowling, Kegeln DM 25,-/ Std.
🕐 tägl. außer Heiligabend und Sylvester 15-23 Uhr
Schloßstr. 1 (Eingang von Bornstr. Turm 7 m. Fahrstuhl) (Steglitz)
☎ 79 10 61/63
U9 Walther-Schreiber-Platz

Bowling am Studio

Große, korrekte Anlage, ebenfalls mit „Schnitzel mit Pommes"-Service am Tisch und zwar Mo-Fr ab 17 Uhr. Neben dem Bowling kann man zur Abwechslung auch flippern oder Billard spielen.

Bowling DM 3,50 - 6,-/ Spiel je nach Uhrzeit, Billard DM 2,-/ Spiel
🕐 Mo-Do 10-24, Fr, Sa 10-1 Uhr,
Kaiserdamm 80-81 (Charlottenburg)
U2 Kaiserdamm

Bootsverleih

Herrlich ist es, Berlin vom Wasser aus zu erleben! Entweder ganz sportlich im Segelboot oder auch ganz beschaulich im leise dümpelnden Kahn bei strahlendem Sonnenschein. Wem geht da nicht die Phantasie durch?

Bootsverleih Lüders im Strandbad Wannsee

Sehr idyllisch und doch nah am bunten Leben des Strandbads; mit großer Auswahl an Wassersportgeräten.

Ruderboote bis 4 Personen DM 12-16,-/ Std.
Tretboote bis 4 Personen DM 12-20,-/ 30 Min. - 1 Std.
Segelboote nur mit Segelschein ab 2 Std. DM 50,-; 3 Std. DM 60,-;
DM 95,-/ Tag; Surfbretter DM15,-/ Std.
🕐 April bis Mitte Oktober
Strandbad Wannsee (Wannsee) ☎ 803 45 90
S Nikolassee, dann Buszubringer oder zu Fuß den Badeweg

Berlin spontan

Strandbaude

Klingt nicht nur idyllisch, ist es auch. Die Strandbaude, ein alteingesessenes Fischrestaurant mit eigenem Bootsverleih, liegt inmitten des Erholungsgebiets Glienicker See. Angler können hier eine Tagesangelkarte für DM 20,- erwerben. Das Boot zur Karte kostet 15,-DM – für den ganzen Tag. Die Angelausrüstung muß man allerdings selbst mitbringen.

Ruderboote bis 4 Personen DM 8-20,-/ Std.
Tretboote bis 4 Personen DM 10-25,-/ Std.
Verlängerte Uferpromenade (Spanau/Gatow-Kladow) ☎ 365 44 62
Bus 134, 135 bis Groß-Glienicker See

Darts

Entgegen dem Vorurteil, daß Dartspieler und Irland-Fans eigentlich nur einen geeigneten Grund zum Biertrinken suchen, wird in vielen Irish-Pubs recht sportlich Darts gespielt. Die Locals kennen sich zumeist und wen es am Abend in den Armen juckt, der zieht mit seinen eigenen Pfeilen in die Kneipen. Leihen und erwerben von Pfeilen ist meist auch am Tresen möglich.

Irish Pub

Der erste Irish-Pub überhaupt in Berlin. Das Original!

Eisenacher Str. 6 (Schöneberg) ☎ 218 29 17, U7 Eisenacher Straße

Shimrock

Die drei Boards sind immer gut ausgelastet, am Tresen gibt's umsonst Pfeile zu leihen. Mit etwas Glück trifft man sogar auf Liga-Spieler, gegen die man antreten kann.

🕐 15-3 Uhr, Berliner Str. 48-49 (Wilmersdorf) ☎ 87 98 98
U7 Blissestraße

Drachen

Asiatische Drachenbaukunst oder sportliche Lenkdrachen, was darf's sein?

Vom Winde verweht

Hier sitzen echte Drachenexperten, die Sie entweder mit dem passenden Drachen ausstatten, das gute Stück reparieren oder

Sie über gute Drachensteigplätze sowie die aktuellen Veranstaltungen und Festivals auf dem laufenden halten.

Nie alleine ist man draußen am Teufelssee (im Grunewald, nur mit PKW zu erreichen) bei fast jedem Wetter oder bei den Drachenfliegern im Freizeitpark Marienfelde (S2 Marienfelde).

Dem nicht genug, gibt es außerdem auch noch Frisbees, Bumerangs und für artistisch veranlagte diverse Jonglage-Artikel.

Drachenfestivals: Mai, Britzer Garten, Frühlingsfest; Oktober, Britzer Garten, Herbstdrachenfest; Ende September, Internationales Drachenfest in der Galopprennbahn Hoppegarten.

🕐 Mo-Fr 10-18r, Sa 10-14 Uhr
Eisenacher Str. 81 (Schöneberg) ☎ 784 77 69
U7 Eisenacher Straße

Eissport

Im Winter macht sich in Berlin das kalte Kontinentalklima bemerkbar. Wenn's anderswo nieselt, sind hier schon die zahlreichen Seen und Kanäle zugefroren, und die Spaziergänger und Eisläufer bevölkern nun die Eisflächen. Wer's mit Musik mag oder die eisige Jahreszeit nicht abwarten kann, zieht vielleicht die Eissporthalle vor.

Sport- und Erholungszentrum

Im SEZ befindet sich das sogenannte Polarium, in dem ab Anfang Oktober auf 2200 m² täglich eine „Polardisco" stattfindet.

Eintritt DM 4,-/ 2 Std.
Schlittschuhverleih DM 4,- u. 5,-/ 2 Std.
Schlittschuhschleifen DM 7,50 je Paar
🕐 Mo-Do 8-21, Fr 12-22, Sa 10-22, So 10-19 Uhr
SEZ, Landsberger Allee (Friedrichshain) ☎ 42 28 33 20
S, Bus 257, Tram 5, 6, 7, 8, 15, 20, 21, 27 Landsberger Allee,

Eissporthalle Berlin

Hier, direkt neben der Deutschlandhalle, erfolgt das Kadertraining der Eiskunstläufer und Eishockey-Spieler. Ganz normale Freizeitsportler dürfen diese heiligen Hallen lediglich einmal wöchentlich betreten. Ab Mitte Oktober bis ins Frühjahr hinein wird eine Eisdisco veranstaltet, für die man nicht unbedingt olympiareif sein muß.

Erw. DM 8,-; Jug. DM 6,- (10er-Karten DM 70,- bzw. 50,-)
🕐 Mo 19.30-21.45 Uhr
Jaffe-Str. Messegelände (Charlottenburg / Eichkamp) ☎30 38 45 58
U2, Bus 219 Kaiserdamm

Fahrradverleih

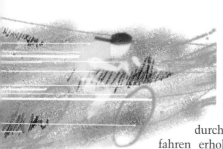

Die großen Verkehrsadern sind durchgängig mit Radwegen ausgestattet. Wenn man auf seiner Route den Tiergarten, die „grüne Lunge" Berlins, durchquert, ist das Fahrradfahren erholsam und abwechslungsreich. Viele der ausgeschilderten Strecken verlaufen durch Nebenstraßen, so daß man teilweise vom Autolärm unbehelligt bleibt. Trotzdem heißt es Nerven bewahren bei Kopfsteinpflaster und vor allem: Vorsicht bei Ampelkreuzungen! Die meisten Radfahrer machen es ihren motorisierten Vorbildern und den Fahrradkurieren nach -die im verkehrsverstopften Berlin Hochkonjunktur haben- und tragen Helme. Wer seinen eigenen Drahtesel nicht dabei hat, kann bei folgenden Firmen einen leihen:

Pedalpower

Sogar große Gruppen können hier ausgestattet werden. Mit 40 Holland-Rädern, 2 Tandems, Anhängern sowie Trekking- und Mountainbikes ist der Laden bestens bestückt. Auf Wunsch können in Zusammenarbeit mit „Statt-Tour" Berlinausflüge arrangiert werden.

Hollandrad DM 15,-/ Tag; für Gruppe ab 6 Personen DM 12,-/ Tag
Wochenenden von Fr-Mo DM 32,- pro Rad
🕐 Mo-Fr 10-18.30 Uhr, Sa 10-14 Uhr
Pfarrstr. 122 (Rummelsburg) ☎553 68 32
S5, S7 Nöldner Platz

Berlin by bike (F1)

City-Räder, Tandems, Kinderanhänger, Hollandräder und Zubehör – alles, was das Herz begehrt. Jede Menge Tourentips haben die Verleiher auch hier auf Lager; ab 8 Personen kann man geführte Touren buchen, um so unter sachkundiger Anleitung zu radeln. Zwei Filialen erleichtern die Anfahrt zum Verleih.

		Tag	24 Std.	3x24 Std.	Woche
Hollandrad	DM	15,-	20,-	50,-	85,-
Mountainbike	DM	25,-	30,-	80,-	130,-

🕐 Mo-Sa 10-14 Uhr, Mo-Fr 15-18 Uhr
Möckernstr. 92 (Kreuzberg) ☎216 91 77
U7, S1, 2 Yorckstraße
Gipsstr. 7 (Mitte)
U8 Weinmeisterstraße

Fitness

Fitness ist beliebt und gefragt. Daher gibt es auch unzählige Möglichkeiten in Turnhallen, Fitnessstudios und Sportparks zu schwitzen. Wer fit bleiben oder werden will, sich auf den Skiurlaub vorbereitet oder einfach nur in angenehmer Gesellschaft und unter fachkundiger Anleitung trainieren möchte, findet hier bestimmt die passende Adresse. Damen, die unter sich bleiben möchten, schlagen bitte unter „Frauen" nach! Im Bereich Fitness ist der Landessportbund sehr aktiv. Die Unterstützung des Breiten- und Freizeitsports wird hier groß geschrieben. In zirka 50 städtischen Turnhallen werden von Aerobic bis Walking alle gesundheitsorientierten Disziplinen jenseits des Leistungssports unterrichtet. Über eine Kostenbeteiligung Ihrer Krankenkasse oder eine kostenfreie sportmedizinische Untersuchung und nahegelegene Vereine informiert Sie der Landessportbund Berlin e.V (LSB Jesse-Owens-Allee 2 ☎ 300 02-0). Unter dem Stichwort „hin und wieder" macht auch die AOK von sich reden. Sie bietet Fitnessprogramme für Nichtmitglieder oder ab-und-zu-Sportler an, wo man für wenig Geld an Veranstaltungen und Kursen teilnehmen kann. Anruf genügt und schon ist man über die aktuellen Termine orientiert. (AOK ☎ 305 10 10, in Zusammenarbeit mit dem LSB) Wahre Naherholungsgebiete gerade im Winter sind die großen Fitness-Center, die den Körper rundum gut versorgen: Ein bißchen auspowern, ein paar fachliche Tips, zwei oder drei Saunadurchgänge, etwas Leckeres zu essen und eine Vitaminbar.

Blub-Fitness-Club

Im Fitnessclub wird Neueinsteigern ein Fitnesseingangstest, Ernährungstest, Körperfettanalyse, Blutdruckmessen und ein umfassender Ausdauertest angeboten. Aerobic, Gerätetraining, Rückenschule, Circuit-Training, Callenetics und Kardiosport werden täglich angeboten. Den passenden Rahmen bildet das Blub-Badeparadies mit Sauna, Schwimm- und Spaßbecken, Solarium, Außenbecken und das „Tropic"-Café.

Trainingsverträge: 3 Monate DM 545,-; 6 Monate DM 780,-;
12 Monate DM 1260,- incl. Sauna und Schwimmbad; Probetraining DM
25,- wird bei Abschluß eines Trainingsvertrags angerechnet
🕐 Mo,Mi,Fr 11-21.30, Di,Do 13-21.30, Sa-So,Fei 12-16.30 Uhr
Buschkrugallee 64 (Neukölln) ☎ 606 13 37 U7, Bus 141, 146 Grenzallee

Nautilus

Dem Nautilus-Ganzkörpersystem sind zwei Anlagen gewidmet. Die eine dient als Ergänzung zum Gerätetraining für individuelle, sportmedizinische Betreuung. Krankengymnasten und Trainer kümmern sich hier um den gesamten Rehabilitationsbereich.

Probetraining kostenlos, Einzeltraining DM 20,-
3, 6, 12 - Monatsverträge von DM 60,- bis 100,- (Schülerermäßigung)
🕐 Mo-Fr 8-22, Sa-So 9-18 Uhr
Brabanter Str. 18-20 (Wilmersdorf) ☎ 822 91 75
U2 Heidelberger Platz

In der größeren Zwillingsanlage liegt der Schwerpunkt eher im sportlichen Kursbereich. Ergänzt durch eine kleine Sauna wird hier Step, Aerobic, Wirbelsäulengymnastik, Stretching, Skigymnastik und natürlich Gerätetraining angeboten.

Preise wie oben; 🕐 Mo-Fr 9.30-22, Sa-So 9.30-18 Uhr
Manteuffelstr. 65 (Tempelhof) ☎ 752 01 38; U6 Alt-Tempelhof

Satori

Ob es hier die „Erleuchtung" gibt? Auf jeden Fall gibt es ein kostenloses Probetraining in den 6 Filialen, die sich flächendeckend über Berlin verteilen. Für den ersten Fitnesstermin auf jeden Fall anmelden, dann wird man eingeführt in den vielseitigen Kurs- und Trainingsplan: Aerobic, Step-Aerobic, Bauchtanz, Jazzdance, Geräte, diverse Kampfsportarten, Kosmetik, Sauna, Solarium, Callenetics und, und, und.

Preise pro Monat bei		3-Monats-vertrag	12-Monats-vertrag
1 Kurs pro Monat	DM	128,-	78,-
2 Kurse pro Monat	DM	138,-	98,-
3 Kurse pro Monat	DM	148,-	108,-
4 Kurse pro Monat	DM	158,-	118,-

🕐 Mo-Fr 7-22, Sa-So 11-16 Uhr; Ku'damm 207/208 (Charlottenburg)
☎ 882 50 30; U3, U9 Ku'damm
Askanierring 155/156 (Spandau) ☎ 375 46 11
Rudolf-Breitscheidstr. 162 (Babelsberg) ☎ 0331/748 66 30
Glockenturmstr. 30 (Charlottenburg) ☎ 305 11 81
Kadiner Str. 20 (Friedrichshain) ☎ 589 26 26
Lehder Str. 65 (Weissensee) ☎ 609 65 54

Fallschirmspringen

Eine ganze Menge Mut muß man mitbringen für den Sprung aus den Wolken. In 4000 m Höhe kann einem schon das Herz in die Hose rutschen!

Take-off-Fallschirmsport

Alle 2 Stunden hebt die Maschine ab und spuckt auf Absprunghöhe jeweils 4 Einzelspringer (nur mit Lizenz) oder 4 Tandems (Lehrer und Gast zusammen) aus. Einzige Bedingung: Tandemgäste dürfen nicht über 195 cm groß sein, nicht mehr als 95 kg wiegen und müssen mindestens 15 Jahre alt sein. Um Voranmeldung wird gebeten.

		Mo-Fr	Sa-So
Tandemsprung	DM	280,-	320,-
Einzelsprung (mit Lizenz)	DM	42,-	46,-

Gruppen- und Studentenermäßigung
🕐 Mitte März bis Ende Oktober tägl. von 9 Uhr bis Sonnenuntergang
Flugplatz 16833 Fehrbellin (67 km von Berlin-Mitte)
☎ 03 39 32/ 722 38
Anfahrt mit PKW über Autobahn Hamburg

Freibäder

Die schönsten Freibäder sind natürlich die unzähligen Seen in und um Berlin. Gucken Sie sich einen aus, packen Sie den Picknickkorb und suchen Sie sich Ihren „privaten" Strand am Tegeler See, an der Havel oder an versteckteren Orten wie dem Teufelssee mitten in Grunewald!

Halensee

Auch ein Naturfreibad und voll im Trend – nicht nur tagsüber.

Königsallee 5a (Charlottenburg) ☎ 891 17 03
Bus 4, 10, 29, 65, 69

Müggelseebad

Etwas echt Berlinerisches! Richtig großes Strandbad mit FKK- und Textilstrand! Das Wasser ist leider eher eine trübe Brühe und sehr seicht – bis man da mal zum Schwimmen kommt! Am besten, Sie legen sich in die Nähe von waschechten Berlinern und erfahren Sie den neuesten Insider-Tratsch! Eine Lokalstudie!

Erwachsene DM 2,50; Ermäßigte und Kinder DM 1,50
🕐 Mai bis Sept. tägl. 9-18 Uhr, bei sehr gutem Wetter 7-21 Uhr
Fürstenwalder Damm 838 (Köpenick) ☎ 645 18 26
S Friedrichshagen, Straßenbahn 61 Rahnsdorf

Sommerbad Prinzenstraße (G2)

Mitten in Kreuzberg, also sehr lebhaft!

Erwachsene DM 3,50; Ermäßigte und Kinder DM 2,-
🕐 2. Mai bis letzter Sonntag im Sept. tägl. 8-19.30 Uhr,
Di, Do 7-19.30 Uhr, ab Mitte Sept. bis 19 Uhr
Gitschiner Straße 31 (Kreuzberg) ☎ 25 88 54 16
U1, 15 Prinzenstraße

Olympia-Schwimmstadion

Vier große Becken und ein 10-Meter-Turm locken Schwimmer in dieses sportliche Ambiente direkt neben dem Olympiastadion.

Olympischer Platz (Osttor) ☎ 30 06 33; U1, Bus 94 Olympiastadion

Strandbad Wannsee

Hier kann man sich seit 1907 mit oder ohne ... Strandkorb wohlfühlen und sich ganz Urlaub-like im Sand aalen. Es gibt Erfrischungen, eine Boutique für Strandbedarf, eine Pommes-

Bude, Miet-Strandkörbe, eine FKK-Ecke und meterweise seichtes Wasser. Viel Spaß!

Erwachsene DM 3,50; Ermäßigte, Kinder u. Studenten DM 2,-
Strandkorb DM 6,-/ Tag; DM 4,-/ ½ Tag
Liegestuhl DM 3,-/ Tag; DM 2,-/ ½ Tag
🕐 Anfang Mai bis Ende Sept. tägl. 8-19 Uhr
Wannseebadweg (Wannsee) ☎ 803 54 50
S Nikolassee, weiter Bus 18 (Sonderbus f. Badegäste)

Frauen

Immer mehr Frauen wollen beim Sporteln unter sich sein. Fitnesscenter und ganze Studioketten haben sich auf diesen Bedarf eingestellt.

Schokofabrik

Ein Frauenstadtteilzentrum mitten in Kreuzberg, das in Selbstverwaltung ein umfangreiches und „exotisches" Sportprogramm anbietet. Es gibt Probestunden für DM 10,- bis 15,-, die auf die spätere Kursteilnahme angerechnet werden können. Angeboten werden Argentinischer Tango, Afrikanischer Tanz und Trommeln, Flamenco, Eutonie, Butch, Wendo, Selbstverteidigung, Akrobatik, Pantomime ...

Voranmeldungen und aktuelle Infos im Sportbüro ☎ 61 55 39

Das Schmuckstück der Schokoladenfabrik ist der hauseigene Hamam. Das türkische Bad ist ein wirklicher Schmelztiegel der Nationalitäten, und manchmal finden dort Bauchtanzveranstaltungen statt. Sehr gemütlich!

Erwachsene DM 12,-/ 2½ Std. u. DM 3,-/ angef. ½ Std.
Kurzbadepreis bis 18 Uhr: DM 6,-für 1 Stunde
Kinder (1-6 J.) DM 2,-/ 1 Std., DM 4,-/ 2½ Std.
Kinder (6-14 J., nur Mädchen!) DM 3,-/ 1 Std., DM 6,-/ 2½ Std.
🕐 Mo 17-22, Di-So 13-22 Uhr,
Mi kinderfreier Tag, Do Kindertag
Mariannenstr. 6 (Kreuzberg) ☎ 615 14 64
U1 Görlitzer Bahnhof

Jopp (C2)

Franziska van Almsick rührt die Werbetrommel für diese Fitnesskette, und Recht hat sie! Es gibt 5 Studios mit umfassendem Programm: Aerobic, Bauchtanz, Callenetics, Problemzonengymnastik, Step-Aerobic und Gymnastik. Angenehm ist auch die Sauna – nach getaner Arbeit. Probestunden sind kostenlos, die Preise sinnvoll gestaffelt.

Fitnessgeräte und 2 Kurse zur Wahl und Sauna kosten für 3 Monate DM 420,-; bei 6-, 12- oder 18-Monatsvertrag DM 110,-, 100,- oder 90,-/ Monat. 10er-Karte (Kurs oder Fitness u. Sauna) DM 230,-
🕐 Mo-Do 7-23, Fr 7-22, Sa-So 10-17 Uhr
Tauentzienstr. 13 (Mitte) ☎ 21 01 11; U Zoologischer Garten

Fußball

„Gepölt" wird in jedem Park. Bei schönem Wetter sichtet man das schwarz-weiße Leder und seine Anhänger sogar vor dem Reichstagsgebäude, unter den goldenen Lettern „Dem Deutschen Volke". Aber nur noch, bis der „Bonner Bannkreis" es verbietet. Erlaubt ist es jetzt auch nicht direkt, aber trotzdem eine bekannte Adresse, um spontan zu kicken und andere Fußballbegeisterte zu treffen! Die „Offiziellen Adressen" stehen im Anhang unter „DSV."

JPM

Fußball vor dem Reichstag

Berlin spontan

Golf

Diese elitäre Sportart öffnet mehr und mehr die Tore für „Schnuppersportler" und Ab-und-zu-mal-Golfer. Um so schöner, wenn sowohl Profis als auch Neulinge optimale Bedingungen vorfinden wie zum Beispiel im

Golfklub Prenden

Diese Anlage besitzt ein 27-Loch-Green und 2 Plätze mit Turnierstandard (9-Loch und 18-Loch Meisterschaftsanlage). Platzbenutzung und Trainerstunde sollten unbedingt vorher gebucht werden. Die Preise für das Green sind Tagespreise; man kann sich also den ganzen Tag dort aufhalten und im zugehörigen Land-Club à la carte speisen.

9-Loch DM 60,-/ Tag; an Wochenenden DM 80,-
18-Loch DM 80,-/ Tag; an Wochenenden DM 100,-
Trainer DM 35,-/ ½ Std.; Schlagübungen auf driving-range DM 10,-
(15,- am Wochenende) und DM 4,- für 50 Bälle
Schlägerverleih DM 10,- (auch für Linkshänder)
🕐 Di-So 9-23 Uhr bis Anbruch der Dunkelheit
16348 Prenden (45 min. von Berlin Mitte) ☎ 033 396 / 820 oder 486
Anfahrt mit PKW auf BAB 11 Richtung HH, Abfahrt Lanke / Prenden

Hallenbäder

Berlin bietet seinen Wasserratten knapp 40 Hallenbäder an, die großzügig über das ganze Stadtgebiet verteilt sind. Die Zeiten und Eintrittspreise sowie unterschiedliche Angebote wie Damen-Schwimmen, textilfreie Stunden oder Vereins- und Kursstunden variieren von Bad zu Bad. Wir empfehlen Ihnen, einen Blick in die Gelben Seiten zu werfen, in denen alle Bäder nach Bezirken aufgeführt sind.

Stadtbad Krumme Straße

Schön klein, in der Nähe der Deutschen Oper
☎ 34 30-32 14

Sport- und Erholungszentrum (SEZ)

Große, kinderfreundliche Anlage
☎ 42 28 33 20

Schwimmhalle im Sportforum Berlin

Sehr sportliches Klima in Kadertrainingsnähe

☎ 97 81-28 22

Spreewaldbad Kreuzberg

Kreuzberg eben, sehr lebhaft, „Szene", Studenten und Kinder

☎ 25 88-58 13

Paracelsusbad

Ruhiges, kleines Bad in Reinickendorf

☎ 495 30 21

Sport- und Lehrschwimmhalle Schöneberg

Wäre fast Olympiaschauplatz geworden. Große und sportliche Anlage, 400-Meter-Bahn nebenan, wird auch von Triathleten gern genutzt.

☎ 783-30 03

Judo / Karate

Wer sich für Kampfsport interessiert oder sich bereits einer der zahlreichen Disziplinen verschrieben hat, ist in Berlin an der richtigen Adresse. Hier trainieren zahlreiche hochkarätige Meister ihre Schüler.

Nippon

Das Nippon ist Berlins älteste Karateschule. Auf 1000 qm werden hier Judo, Karate und Jiu-Jitsu unterrichtet und auch Fitness, Gymnastik und Aerobic. Sympathisch sind die Angebote für Senioren-Karate ab 50 Jahre und das Kinder-Judo ab 4 Jahre. Im Sommer auf der Terrasse und im Winter in dem kleinen Café gibt's Kaffee, Kuchen und Milchshakes. Schnuppergäste geben lediglich ein kleines „Mattengeld" als Dankeschön.

4- bis 6-jährige DM 250,-/ 3 Monate
bei Jahresvertrag: Kinder DM 60,-; Erwachsene DM 65,-/ Monat
Senioren-Karate: AOK-Mitgl. DM 60,-; sonst DM 125,-/ 3 Monate
Solarium DM 5,-/ 10 min.; Sauna DM 10,-
Kinderbetreuung im Preis enthalten
🕐 Mo-Fr 7-22, Sa 9-20, So, Fei 9-17 Uhr
Mittelstr. 34 ☎ 791 28 84
U9 Rathaus Steglitz

Kanu

Es bietet sich geradezu an, die Seen oder das weitverzweigte Wassernetz Berlins paddelnd zu erleben. Eine schöne Abwechslung zum lärmenden Stadtleben. Es lohnt sich, Zeit und Schlafsack mitzunehmen, denn an vielen Seen kann man campen oder biwakieren. Tips gibt's dazu bei der

Kanu-Connection

1- oder 2-sitzige Kajaks oder Kanadier kann man entweder direkt in der Zentrale oder vor Ort in Rheinsberg, Köpenick oder Klein-Zerlang ausleihen. Man wird bestens ausgerüstet mit Kartenmaterial, Touristeninformationen und Tips für individuelle Kanu-Touren. Zum Transport der Boote reicht ein ganz normaler Auto-Dachträger.

		Tag	Woche	jede weitere Woche	Fr - Mo Früh
Kanadier	DM	60,-	260,-	130,-	130,-
1er Kajak	DM	40,-	180,-	90,-	90,-
2er Kajak	DM	50,-	220,-	110,-	110,-

🕐 Mo-Mi, Fr 10-18, Do 10-20, Sa 10-14 Uhr;
im Winter geänderte Öffnungszeiten, Köpenicker Str. 9 (Treptow) ☎ 612 26 86
U1 Schlesisches Tor

Kegeln

Alle neune oder acht ums Vorderholz? Oder viel zu viele Pumpen? Macht nix, Hauptsache es macht Spaß!

Zur Schmalzstulle

Urgemütliche, kleine Anlagen mit nur zwei Bahnen. Typisch berlinerisch, mitten in Kreuzberg und preiswerte, rustikale Küche, frei nach dem Motto „Futtern wie bei Muttern". Vollkornschnitzel heißen die Buletten und befinden sich in guter Gesellschaft von Eisbein, Kohlrouladen und Ochsensteak. Wer auch noch kegeln möchte, sollte unbedingt vorbestellen, sonst wird's eng!

2 Bahnen für ca. 15 Personen DM 25,-/ Std.
🕐 tägl. 9-24 Uhr, Fidicinstr. 44 ☎ 693 84 75
U6 Platz der Luftbrücke

Sportkegelhalle am Anhalter (F2)

32 vollautomatische Bahnen, ab 15 Uhr Gastronomie mit Tischservice. Hier wird's richtig sportlich. Kegelvereine nehmen diese Anlage regelmäßig in Beschlag, daher unbedingt vorher anmelden!

2 Bahnen DM 32,-/ Std.
🕐 Mo-Sa 10-23 Uhr
Stresemann 68-76, Eingang Anhalterstr. 1 (Keuzbg.) ☎ 261 15 36
U1, Bus 129 Hallesches Tor

Klettern

Mitten in Grunewald befindet sich der Teufelsberg, zu erreichen über die Teufelsseechaussee, an deren Ende man am besten das Auto abstellt und sich dann zu Fuß in Richtung alte Radarstation begibt. Der Turm dort hat Ösen und Abseilösen und besitzt den Schwierigkeitsgrad 2 und höher.

Der alte Bunker im Park Humboldthain ist über die gleichnamige S-Bahn-Station zu erreichen. An seiner Nordseite befindet sich die Kletterwand mit Schwierigkeitsgrad 6 und höher.

Eigene Kletterausrüstung mitbringen; wer noch keine hat oder mehr Infos über die verschiedenen Kletterrouten möchte, meldet sich an beim

Deutschen Alpenverein ☎ 34 22 41 oder
Klettershop „Der 7. Grad" Kantstr. 125 ☎ 313 80 22
U Wilmersdorfer Straße

Laufen

Packen Sie unbedingt Ihre Laufschuhe ins Reisegepäck, denn Berlin ist ein echtes Dorado für Läufer!

Ob im Tiergarten, in der Hasenheide, im Tegeler Forst oder im Grunewald, Individualläufer können hier Kilometer über Kilometer zurücklegen, und alle Zielgebiete sind schnell mit dem PKW oder den „Öffentlichen" zu erreichen.

Wer lieber Gesellschaft oder Anleitung hat, kann sich bei jedem der bereits genannten Vereine nach den Trainingszeiten erkundigen. Als größter „Laufpartner" sei hier der SCC (Sportclub Charlottenburg) genannt, der auch Ausrichter des Berlin-Marathons ist.

Unter seinen Fittichen laufen folgende Gruppen:

Die Parkhoppers (Frauen unter sich), Idee 50 im Volkspark Wilmersdorf (Damen über 50) im Schloßpark Charlottenburg, Lauftraining (Intervall, Stilkontrolle etc.) im Mommsenstadion, Park-Flitzer, Freizeitläufer im Volkspark Mariendorf und viele andere. Im Freizeitsportkalender des LSB und über das Marathonbüro des SCC lassen sich alle gerade aktuellen Lauftreffs herausfinden.

LSB ☎ 300 02-0
SCC ☎ 302 53 70

Übrigens: Gäste nehmen kostenlos teil...

Wichtige Veranstaltungen:
1. Sonntag im April:
Halbmarathon
Mai:
Frauen-Event im Tiergarten
August:
10 km Ku'damm-Lauf

Motorradverleih

Ein edles und nicht ganz billiges Vergnügen ist das Leihen von motorisierten Zweirädern, aber eine echte Alternative für Staumuffel.

Classic Rent (H3-2)

Hier stehen Ihnen 12 verschiedene Modelle der begehrten Harley Davidson zur Auswahl, z.B.

Sportster 883	DM	140,-	/ Tag	80 km frei
Bad Boy	DM	200,-	/ Tag	"
Heritage special	DM	200,-	/ Tag	"
Road King	DM	220,-	/ Tag	"
und BMW	DM	220,-	/ Tag	120 km frei

Auf Anfrage gibt es Wochen- und Wochenendtarife und entsprechende Tourentips sowie eine Einführung für alle Maschinentypen.

🕐 Mo-Fr 10-13 u. 14-18 Uhr, Sa unregelmäßig wegen Ausfahrten
Dresdener Str. 118 (Kreuzberg) ☎ 614 73 43
U8 Moritzplatz

Ronny's Motorradverleih

Hier gibt's Motorroller, BMW's, Helme und Regenkombis zu mieten. Handschuhe, Tankrucksack, jede Menge Touren- und Übernachtungstips sowie Kartenmaterial sind inklusive!

	/ Tag	/ WoE	/ Woche	
Roller Kl. 3	DM	40,-	(incl. Versicherung und alle km)	
BMW 50 PS	DM	120,-	375,-	630,-	
BMW 100 PS	DM	150,-	465,-	785,-	

100, 450 bzw. 1000 km frei inkl. Versicherung
🕐 Mo-Fr 11-18 Uhr, Sa nach Vereinbarung
Bremer Str. 43 (Moabit) ☎ 396 28 64
U9 Birkenstraße

Pferderennen

Ob es nun sehr sport-
lich ist, zuzuschauen
wie andere sich abhet-
zen, mag jeder für sich
selbst entscheiden. Auf
jeden Fall gehört die
Rennbahn in Berlin fest
zum Sportgeschehen,
besonders am Wochen-
ende, wenn sich ganze
Familien dort tummeln, um der Wettlust oder der Pferdeliebha-
berei zu frönen.

Trabrennbahn Mariendorf

Mittwoch und Sonntag sind hier die Renntage. In 10 aufeinanderfolgenden Läufen kann man 10-11 Traber anfeuern. Von der
prickelnden Atmosphäre bekommt man Hunger. Stände und
Gaststätten sorgen für das leibliche Wohl.

Eintritt DM 5,-; Kinderermäßigung
🕐 Rennen Mi 18.30-23, So 14-19 Uhr
Training tägl. ab 8 Uhr bis zur Abenddämmerung
Mariendorfer Damm 222 (Mariendorf) ☎ 740 10
U6 Alt-Mariendorf, dann Bus 176, 179
Rennverein Hoppegarten

Ascot ist es nicht, jedoch glänzt die Galopperbahn mit edlem
Vollblut und dann und wann wurde hier auch schon blaublüti-
ger Besuch gesichtet. Unter der Woche sind Pferdebegeisterte
herzlich eingeladen, kostenfrei beim Training zuzuschauen. Allerdings verlangen die Trainingszeiten schon einigen Enthusias-
mus: 6-11 Uhr! Gastronomie im englischen Stil oder
Würstchenbude? Picknicken ist für Gäste erlaubt.

Erw. u. Kinder ab 12 J. DM 6,-; Senioren, Behinderte DM 3,-
🕐 Apr. bis Ende Okt. Sa-So Einlaß ab 11 Uhr
9 Rennen (14-19 Uhr alle halbe Stunde)
Goetheallee 1 (Dahlwitz-Hoppegarten) ☎ 55 91 02
S5 Strausberg, Hoppegarten, 10 Minuten Fußweg

Reiten

Die großen Reitställe finanzieren sich hauptsächlich über Privatpferde, nicht über den Schulpferdebetrieb, und zeigen sich gegenüber einer „Preisgabe" ihrer Adressen sehr reserviert. Außerdem geht in Berlin/Brandenburg der Pferdeklau um! Hier also zwei kleinere, familiäre Adressen von Ställen, die diese Probleme nicht haben.

Preußenhof

Ponys und Großpferde, Halle und Außen-Dressurviereck, Anfänger- und Fortgeschrittenenstunden, Springstunden. Besonderheiten sind die Seniorenstunden (zwei mal wöchentlich), die Kurse für Kids ab 5 und die Ferienlehrgänge, bei denen man an zehn aufeinanderfolgenden Tagen alles ums Pferd und das Reiten in Theorie und Praxis lernt.

Einzelstunde DM 25,-; 10er-Karten Erw./Kinder DM 230,-/ 210,-
Ferienlehrgang DM 150,-
🕐 tägl. außer Do 15-19, Sa-So 11-14 Uhr
Staakenstr. 64 ☎ 331 79 45
U7 Rathaus Spandau, Bus 132 Harburger Weg

Reitverein Berlin e.V.

Wunderschön gelegen am Park des Schlosses Tegel in den Stallungen des fürstlichen Anwesens. Gäste können Einzelstunden nehmen. Wenn man sich als sattelfest und vertrauenswürdig erweist, darf man an den sonntäglichen Ausritten in den Tegeler Forst oder nach Stolpe teilnehmen. Reitkappe ist wichtig!

Reitstunde Erwachsene DM 30,80; Kinder DM 27,50 (Pony 22,-)
danach gibt's vergünstigte Sammelkarten
🕐 Büro Di-Fr 15-17 Uhr (Termine absprechen!)
Adelheidallee 19-21 (Tegel) ☎ 433 49 39
U6 Alt Tegel

Rundflüge

Erlebnisflugplatz Fehrbellin

Wem schnell flau im Magen wird, für den ist ein Rundflug mit der 48 Jahre alten Antonov II, dem größten einmotorigen Doppeldecker, ganz bestimmt ein äußerst zweifelhaftes Vergnügen. Für die anderen ein touristischer Leckerbissen, denn der Oldtimer bietet Gruppen bis neun Personen Rundflüge um Berlin, Potsdam, Schloß Rheinsberg oder stellt Wunschprogramme zusammen.

Gruppenbuchung DM 1000,- bis 1700,- je nach Route
Außerdem mit einer Tobago 10:

Ziel	Dauer		2 Personen	3 Personen
Ruppiner Schweiz	15 Min.	DM	85,-	119,-
Schloß Rheinsberg	30 Min.	DM	170,-	240,-
Müritz u. Seenplatte	1 Std.	DM	340,-	490,-
Berlin u. Potsdam	1 Std.	DM	340,-	490,-

Flüge auch nach Wunsch
Zeit: Sonnenaufgang bis Dämmerung
Erlebnisflugplatz Fehrbellin ☎ 03 39 32/ 718 65
Anreise mit PKW, Autobahn A24, Richtung HH bis Fehrbellin

Sauna

Saunen sind bestens geeignet, um sich von den vielfältigen Eindrücken der Stadt zu erholen. Hier kommen Körper und Seele so richtig auf ihre Kosten.

Die Thermen (C2)

am Europa-Center sind eine beliebte Adresse für Saunagänger, denn sie liegen direkt im Zentrum. Neun Saunen, acht Tauchbecken, ein Schwimmbecken mit 32° C und ein Außenbecken gehören zu den Thermen. Massage, Kosmetik und Restaurant komplettieren das Angebot.

DM 27,-/ 3 Std.; DM 32,-/ Tag; 10er-Karte DM 300,-
🕐 Mo-Sa 10-24 Uhr, So 10-21 Uhr
Nürnberger Str. 7 (Tiergarten) ☎ 261 60 31
U1, 9, S1, 3 Zoo; U2, 3 Wittenbergplatz

Saunabad im BBZ (D/E2)

Berlins einzige esoterische Sauna befindet sich in einer kleinen Nebenstraße der berüchtigten Potsdamer Straße. Sie stellt eine ganz besondere Oase dar – mit esoterischen Büchern und Kristallen im Ruheraum, Entspannungsmusik, Spontanvorträgen. Schwimmbecken, liebevolle Gastronomie, Freiluftgarten, phantasievolle Massagen und Fußdiagnose ergänzen das exotische Ambiente.

Schnellgang DM 20,-/ 2 Std.; Tageskarte 25,-; Studenten 22,-; kein Eintritt für Kinder bis 10 Jahre; ◷ Mo-Sa 16-23 Uhr
Lützowstr. 105-106 (Tiergarten) ☎262 28 27, 262 52 32
U1, 15, Bus 148, 348 Kurfürstenstraße

Schwimmschule (D/E2)

Schwimmen lernen, seine Ängste überwinden kann man am besten in ruhiger Umgebung wie hier im kleinen Becken des Saunabads im BBZ

Grundkurs Kinder	20 x 30 Min.	DM	400,-
Grundkurs Erw. u. Senioren	20 x 30 Min.	DM	480,-
Schwangere	10 x 45 Min.	DM	90,-
Babyschwimmen mit 2 Erw	10 x 45 Min.	DM	180,-

Kindergeburtstag mit Spiel, Sport und Spaß DM 280,-/ 2 Std. (max. 8 Kinder u. 2 Erwachsene, mit Kaffee, Pizza, Spaghetti, Eis

◷ Fr-Mo 8-16 Uhr u. nach Absprache (Gruppenrabatte, Termine)
Lützowstr. 105-106 (Tiergarten) ☎262 52 32
U1, 15, Bus 148, 348 Kurfürstenstraße

Skateboard

Der Phantasie sind beim Skateboardfahren schier keine Grenzen gesetzt, sehr zum Leidwesen gestreßter Fußgänger ... Offizielle Adressen sind zum Trainieren und internen Kräftemessen von Vorteil.

FEZ

Skateboardanlage des FEZ zwischen Freilichtbühne und Badesee

Eintritt frei, Geländeöffnungszeiten telefonisch erfragen
12459 Wuhlheide, Eichgestell (Köpenick) ☎63 88 75 04
S3 Wuhlheide, 10 Min. Fußweg

SEZ

Skateboardanlage im Freizeitpark im Sport- u. Erholungszentrum

🕐 wg. ständiger Wartungsarbeiten Öffnungszeiten telef. erfragen
Landsberger Allee 77 (Friedrichshain) ☎ 42 28 33 20
S, Bus 257 Landsberger Allee

Halfpipe (G2)

Kleine Ecke im Park an der Baerwaldbrücke am Prinzenbad mit Halfpipe; ständiger Treff für engagierte Skateboarder vom Kiez.

🕐 Tag und Nacht offen
U1, 15 Prinzenstraße (Kreuzberg)

Skifahren

Alpin fällt in Berlin flach. Wann und wo es im Winter Loipen gibt, kann Ihnen der Deutsche Skiverband (DSV) sagen.

🕐 Mo, Di ,Do 10-14 Uhr ☎ 891 97 98

Squash und Tennis

Einige Adressen wurden schon unter „Badminton" genannt, deshalb hier zur Ergänzung noch mehr „multi-sportliche" Anlagen. Selbstverständlich gibt es in Berlin zirka 40 Tennisvereine, die allerdings auf permanente Mitglieder ausgerichtet sind.

Tennis+Squash-City (A1)

6000 qm große Anlage mit eigenen Parkplätzen, Gastronomie, Sportrestaurant. Solarium und Sauna inklusive!

Squash   DM 10,- bis 32,-/ 45 Min. je nach Tageszeit
Tennis   DM 22,- bis 59,-/ 1 Std.   "
Badminton   DM 10,- bis 29,-/ 45 Min.   "
Indoor-Golf DM 12,-/ 30 Min. (inkl. 1 Eimer Bälle)
Studentenermäßig. DM 2,- bis 4,- (je nach Tageszeit, Punktekarte, Saisonabo); Solarium (3 Liegen)DM 5,-/ 10 Min.
🕐 tägl. 7-24 Uhr
Brandenburgische Straße 53 (Wilmersdorf) ☎ 87 90 97
U7 Konstanzer Straße

Havelland-Halle

Im Grünen am Naturschutzgebiet Seeburg gelegen, mit Kinderbetreuung während der Trainingszeiten der Eltern. Speziellen

Angeboten im Fitnessbereich des 250 qm großen Studios für Senioren, Schwangere, Leute mit „Problemzonen" ... Angeschlossen ist auch ein von Ärzten betreutes Rehazentrum. Für die kulinarische Gesundheit sorgen die Grillterrasse im Sommer und die Vitaminbar.

Squash   DM 12,- bis 45,-/ 45 Min. je nach Tageszeit(8 Courts)
Tennis   DM 25,- bis 49,-/ 1 Std."   (6 Plätze)
Badminton DM 16,- bis 29,-/ 45 Min."   (10 Plätze)
Sauna ist inkl. (sonst DM 12,-); Solarium (2 Liegen)DM 5,-/ 10 Min.
🕐 tägl. 7-24 Uhr
An d. Dorfstraße (14476 Seeburg) ☎ 033201/ 201 20
Anfahrt m. PKW

Tauchen

Unter geschulter Anleitung im Becken und im Schulungsraum erwibt man hier Kenntnisse für den Tauchschein, der zu exotischen Taucherlebnissen im Urlaub verhilft.

Tauch-Profi

Die Padi-Grundausbildung besteht hier aus fünf Übungsstunden im Schwimmbad, fünf Theorie-Stunden und 4 Freiwassergängen, die im Sommer in der Ostsee und sonst in klaren Seen in der Umgebung stattfinden. Die Kurse werden von Mai bis Oktober alle drei Wochen und von Oktober bis April alle fünf Wochen angeboten. Tauchanzug und Maske sowie Sauerstoffgerät wird gestellt. Lehrbuch und Unterricht für die maximal 10 Schüler kosten DM 480,- einschließlich der „Open Water Diver"-Abschlußlizenz.

Potsdamer Chaussee 35 b (Zehlendorf) ☎ 803 91 46 (Termin!)
U1 Krumme Lanke, S1 Mexiko-Platz, Bus 211 Richtung Wannsee

Dacor Dive Center

Dive-Center mit Club-Atmosphäre und eigenem Becken für's Training zwischendurch. Regelmäßig stattfindende Kurse zum Open Water Diver (DM 495,-), Avanced Open Water Diver (DM 495,-), Advanced Freiwasserprüfung (DM 240,-). Darüber hinaus gibt es Infos zu Tauchreisen, Diavorträge, Geselligkeit und andere Veranstaltungen in der eigenen Bar und Restauration. Die Trainingszeiten und somit die Kursdauer können individuell abgestimmt werden. Rein ins Vergnügen!

Ohlauer Str. 5-11 (Kreuzberg) ☎ 611 80 05
U1, 15 Görlitzer Bahnhof

Volleyball

Ein toller Mannschaftssport! Im Sommer finden sich im Tiergarten spontan Spieler zusammen, die für ein paar Stunden ein eigenes Netz aufbauen. Also: hingehen, fragen, mitmachen.
Ansonsten ist man auf die Spielgruppen der Vereine angewiesen. Der Volleyball-Verband hilft weiter.

Volleyball-Verband ☎ 30 00 61 82

Minigolf

Wußten Sie schon, daß in Berlin Bundesliga-Minigolf-Turniere stattfinden? Oder daß es hier Minigolf für „Nachtschwärmer" gibt?

Bahnengolfzentrum Marienfelde

Parkähnliche, sehr ruhige Turnieranlage, die auf gepflegten 4000 qm sowohl Könner als auch Freizeitspieler zufriedenstellt. Des weiteren stehen eine Imbißterrasse und ein Sportshop zur Verfügung.Bei schönem Wetter werden Grillfeste veranstaltet.

Minigolf (12 m Betonbahn): Kinder/Erw. DM 3,-/4,- pro Runde
Miniaturgolf (6 m Eternitbahn): Kind./Erw. DM 2,-/3,- pro Runde
🕐 15. Apr.-15. Okt.r Mo,Mi-Fr 16-20, Sa 12-20, So, Fei 10-20 Uhr
Hanielweg 3-5 (Tempelhof) ☎ 722 64 00
Bus 179

Miniaturgolfplatz am Grunewaldturm

Mitten im Wald gelegen und gut zu kombinieren mit Turmbesichtigung, Spaziergang im Wald oder an der Havel, dazu Kaffee und Kuchen im benachbarten Restaurant. Im Sommer tummeln sich hier Nachtschwärmer zum Minigolfen, im Winter gibt's Glühwein!

Kinder bis 10 Jahre/Erwachsene DM 2,50/5,- pro Runde
Schüler/Studenten DM 3,50/4,- pro Runde (18 Bahnen)
🕐 Mo-Fr ab 12 Uhr; Sa,So u. Fei 11 Uhr bis Sonnenuntergang,
Karfreitag bis Mitte Oktober bei gutem Wetter länger
Havelchaussee 61 (Charlottenburg) ☎ 304 75 13

Rollschuhlaufen

Von den Kids als supermodernes Fortbewegungsmittel anerkannt und daher in sämtlichen Einkaufsstraßen praktiziert, insbesondere in Ku'dammnähe wegen der vielen Touristen und sonstigen Trendbewunderer. Die eher sportliche Variante findet auf der Bahn statt, z.B. im

Sport- und Erholungszentrum (SEZ)

Saison entgegengesetzt zur Eislaufsaison, also April bis Ende September.

Eintritt DM 4,-; Rollschuhe DM 3,-/2 Std., Skateboard DM 7,-
🕐 Di-Do 8-21, Fr, Sa 10-22, So 10-19 Uhr

Spielplätze für Jung und Alt

Landsberger Allee 77 (Friedrichshain) ☎ 42 28 33 20
S , Bus 257, Tram 5, 6, 7, 8, 15, 20, 21, 27, Landsberger Allee

Boccia

Eine ganz ungewöhnliche Sportart, die merkwürdigerweise
meist von französisch anmutenden Senioren betrieben wird
oder von jüngeren, gerade aus dem Urlaub zurückgekehrten.
Die Spieler sind oft aus dem Kiez und treffen sich scheinbar rein
zufällig an den Boccia-Bahnen, z.B. am Paul-Lincke-Ufer auf
Höhe der Ölberg-Kirche oder am Waterlooufer gegenüber des
Landwehrkanals in Kreuzberg.

Freizeitpark des SEZ

Hier gibt es auch Schach, Krocket, Minigolf, Federball, Tischtennis und Frisbees. Alle Spiel- und Sportgeräte können ausge-
liehen werden.

🕐 Apr.- Anfang Okt. tägl. 8-21 Uhr (witterungsabhängig)
Landsberger Allee 77 (Prenzlauer Berg) ☎ 422 83-322 / -339
S, Bus 257 Landsberger Allee

Am Kreuzberg

Kinderspielplätze

In Berlin ist für Kinder ganz schön was los! Es gibt jede Menge Spielplätze, fast an jeder Straßenecke, in den unzähligen kleinen und großen Parks, in den Lücken der Häuserzeilen und natürlich in den bereits genannten Freizeitparks für Kids. In Berlin gibt und gab es schon immer engagierte Eltern, die eine Menge spannende Projekte für Kinder ins Leben riefen, zum Beispiel Kinderbauernhöfe mitten in der Stadt, betreute Abenteuerspielplätze, Spielmobile.

Bauspielplatz Jungfernheide

Hüttenbau, Töpfern, Öko-Garten, Fahrradwerkstatt, Sport (nur im Sommer)

Volkspark Jungfernheide (Charlottenburg) ☎ 380 53 22
U7 Halemweg

Freizeithaus Regenbogen

Sport und Spiel, Malen und Zeichnen, Keramik, Stadterkundungen, Gitarrenkurse, Theater

Kadiner Str. 9 (Friedrichshain) ☎ 589 46 96
U5 Rathaus Friedrichshain

Freizeit- und Erholungszentrum Wuhlheide (FEZ)

120 Hektar Waldpark, Freizeitpalast, Badesee, Sport- und Abenteuerspielplätze, Skateboardbahn, Freilichtbühne, Parkeisenbahn, Tiergehege, tropisches Gewächshaus. Im Palast:

Raumfahrt- und Computerzentren, Ateliers, Puppen- und Theaterbühne, Ballett- und Tanzräume, Kurse und Einzelveranstaltungen für die Bereiche Kunst, Musik, Technik, Video, Computer, Astronomie, Sport.

12459 Wuhlheide, Eichgestell ☎ 630 75 50, 630 74 23
S3 Wuhlheide, 10 Min. Fußweg

Kreuzberg

Villa Kreuzberg

Veranstaltungsraum, Sport- und Gymnastik, Töpfern, Computer, Musikgruppen-Übungsraum, Sprachkurse.

Kreuzbergstr. 62 (Kreuzberg) ☎ 25 88-25 80, 786 66 92
U6, 7, Bus 104 Mehringdamm

Pauli

Betreuter Spielplatz mit Gartenbau.

Paul-Lincke-Ufer 12-15
☎ 25 88-83 21
U1, 15 Görlitzer Bahnhof

Spielmobil Kreuzberg

Wechselnde Standorte
☎ 25 88-31 89

Kinderbauernhof Mauerplatz (H3-2)

Gartenarbeit, Kochen am offenen Feuer, Reiten, Tiere füttern und pflegen.

Leuschnerdamm 9 ☎ 615 41 30
U8 Moritzplatz

Mitte

Jugendzentrum 153 (F5-H5)

Offene Kursangebote, Billard, Tischtennis, Kinder-Video-Club, Sportangebote, Mädchentreff, Kochclub, Disco.

Wilhelm-Pieck-Str. 153 ☎ 282 73 76
U6 Oranienburger Tor

Neukölln

Wilde Rübe

Offene Gruppenangebote, Gartenbau, Werk- und Bastelraum, eigene Imkerei.

Wildenbruchstr. 25
☎ 68 09 33 72
U8, Bus 104 Boddinstraße

Das Feuerrote Spielmobil

Wechselnde Standorte mit mobilen Spielangeboten.
☎ 68 09-2997

Spielplätze für Jung und Alt

Prenzlauer Berg

Kolle 37
Abenteuerlicher Bauspielplatz
Kollwitzstr. 37
☎ 448 30 83
U2 Senefelder Platz

Spielmobil
Mobile Spiele.
Wörther Str. 12
☎ 448 28 51
U2 Senefelder Platz

Schöneberg

Kinder-Pallast (D1)
Kinderspiele, Kochen, Basteln, besondere Ferienangebote, Feste.
Pallasstr. 35 ☎ 783 28 55/56
U7, Bus 148, 348 Kleistpark

Spandau

Bauspielplatz Pionierstraße
Veranstaltungsraum, Holzwerkstatt, Rollschuhbahn, Hüttenbau
Pionierstraße 195 ☎ 373 19 64
U7, Bus 134 Rathaus Spandau

Wedding

Weddinger Kinderfarm
Offenes Angebot für Kinder von 6 bis 14 Jahren, auch am Wochenende, Tiere füttern und pflegen (Ponys, Schafe, Hunde, Ziegen, Gänse, Katzen), spielen unter pädagogischer Anleitung.
Luxemburger Str. 25 ☎ 462 10 92
U9 Amrumer Straße

Weitere Adressen von Jugendclubs, Kinderspielplätzen und Spielmobilen kann man über die Senatsverwaltung für Jugend und Familie erfahren.
Am Karlsbad 8-10 ☎ 2654-0

Sie brauchen was? Der Wind hat Ihnen das Toupet weggerissen? Sie haben vergessen, dem Sittich zu Hause eine 14-Tage-Futterration durch's Gitter zu schieben – jetzt brauchen Sie einen neuen? Ein zum Sakko passendes Taschentuch, einen Nagellack in einem Ton, wie man ihn eigentlich nur in New York findet? Oder einen Maserati? Kein Problem.

Einkaufsstraßen

Ku'damm/Tauentzien (B2-C2)

Der Ku'damm ist nicht nur der geographische Mittelpunkt Westberlins, sondern auch Einkaufsstraße. Sie beginnt am Wittenbergplatz (U1, U2, U3) mit dem KaDeWe. Bis zum Breitscheidplatz findet man linker Hand hauptsächlich Schuhgeschäfte. Rechts neben der Kaiser Wilhelm-Gedächtniskirche steht das Europacenter, das eine Passage mit Läden, Restaurants, Kneipen, sogar ein Kabarett, enthält. Hinter der Kirche beginnt der Kurfürstendamm. Hier folgen Geschäfte und Lokale dicht an dicht. Geht man den Ku'damm hinunter, so bemerkt man, daß mit zunehmender Entfernung von der Gedächtniskirche die Atmosphäre ruhiger und die Geschäfte exklusiver werden.

Das „**Kaufhaus des Westens**" am Tauentzien, erbaut 1906/07, ist Berlins repräsentativstes Kaufhaus. Der letzte Umbau wurde erst vor wenigen Jahren fertiggestellt: ein imposanter Dachgarten, der als Restaurant genutzt wird. Berühmt ist die Lebensmittelabteilung im 6. Stock. Nehmen Sie sich etwas Zeit (und Geld), setzen Sie sich an einen der vielen Probierstände, und nutzen Sie Ihre Roastbeefscheiben mit Orangenschnitzchen als Deckung, um die anderen Gäste zu mustern. Köstlich!

Wilmersdorfer Straße

Die Wilmersdorfer Straße ist von der Kantstraße bis zur Schillerstraße eine belebte Fußgängerzone. Alle großen Kaufhäuser sind hier vertreten. Darüber hinaus findet man viele Schuh- und Lederwarenläden, aber auch eine Menge Tinnef in kleinen Kiosken in der Mitte der Straße.

U7 Wilmersdorfer Straße, S3 Charlottenburg

Steglitz Schloßstraße

In Steglitz betont man seinen gutbürgerlich-mittelständischen Charakter. Diese Eigenschaften trägt auch die Schloßstraße. Alles sieht einen Tick gepflegter aus als anderswo. Neben den üblichen Warenhäusern gibt es Juweliere, Parfümerien, und einige Feinkost- und Bekleidungsgeschäfte mit Exklusiv-Touch.

U9 Walther-Schreiber-Platz, Schloßstraße, Rathaus Steglitz

Flohmärkte

Flohmärkte gehören seit den 70er Jahren mehr oder weniger fest zum Stadtbild. Einige von ihnen haben sich an bestimmten Orten etabliert, andere wandern. Die hier Beschriebenen finden Sonnabend und Sonntag statt.

Straße des 17. Juni (B3-E4)

Am bekanntesten ist wohl der Flohmarkt auf der Straße des 17. Juni, zwischen der Bachstraße und dem Salzufer. Hier dominieren die professionellen Händler; Schwerpunkte sind Antiquitäten,

Schmuck, Spielzeug, Bücher, in geringerem Umfang auch Möbel. Auch die Preise bewegen sich auf Profi-Niveau, doch Kenner machen

mit etwas Glück hin und wieder ein Schnäppchen. Es ist nicht alles Gold, was glänzt, aber doch vieles. Westlich des Landwehrkanals schließt sich ein Kunsthandwerksmarkt an.

Wechselnde Anbieter in der Grauzone zwischen Kunst und Kommerz, mitunter auf hohem Niveau, bei selbstbewußter Preisgestaltung.

🕐 8-16 Uhr
S3 Tiergarten

Krempelmarkt Alte Jacobstraße(G2-H3)

Der größte und aufregendste Flohmarkt befand sich vor einigen Jahren noch auf dem Potsdamer Platz, mußte inzwischen aber den dortigen Bauvorhaben weichen. Reste davon findet man jetzt auf einem Baugrundstück an der Alten Jacobstraße. Vorwiegend Semi-professionelle Anbieter, große Klamottenstände, viele Türken mit buntem Angebot, niedrige Preise.

🕐 8-16 Uhr
U2 Spittelmarkt, U8 Moritzplatz

Fehrbelliner Platz

Ein relativ großer regionaler Flohmarkt auf dem Parkplatz am Fehrbelliner Platz. Profis und private Anbieter, viele Bilder, Pflanzen, einige Antiquitäten.

🕐 8-16 Uhr
U1, 7 Fehrbelliner Platz

Lichtenrade

Unmittelbar hinter der Stadtgrenze in Lichtenrade, hat sich in den letzten Jahren ein ständig wachsender Flohmarkt entwickelt. Ursprünglich war an dieser Stelle einen Grenzübergang. Seit der Wende bieten Bauern aus der Umgegend hier ihre Lebensmittel an. Dazu kam eine enorme Palette klassischen Trödels. Die Anbieter reisen nach wie vor aus dem Umland an, die Preise sind moderat. Am besten ist der Flohmarkt mit dem Auto zu erreichen: Man fährt den Lichtenrader Damm und weiter den Kirchhainer Damm direkt nach Süden.

🕐 7-17 Uhr.
S2 Lichtenrade, Bus 175 bis Kirchhainer Damm

Spandau

Auf dem Askanierring (zwischen Flankenschanze und Falkenseer Chaussee) findet man hauptsächlich private Anbieter aus der Region. Es herrscht eine familiäre Atmosphäre, das Angebot ist begrenzt. Ein benachbarter Lebensmittelmarkt schließt schon um 14.00 Uhr.

🕐 8-16 Uhr
U7 Rathaus Spandau

Ausleihen

Wer nach Berlin kommt, erspart sich eine Menge Streß, wenn er auf das Auto verzichtet. Was aber, wenn man dann beispielsweise Lust auf einen Streifzug ins Umland bekommt? Am besten man mietet sich einen Wagen.

Autos

Neben den internationalen Anbietern gibt es auch eine Reihe kleinerer Firmen, die Mietwagen zu günstigen Konditionen anbieten. Einen Wagen der Golf-Klasse kann man schon für unter DM 40 pro Tag bekommen.

Berolina (C5) .... Perleberger Str. 53, 10559 ☎ 394 88 28/81 80
Autorent .... Grunewaldstr. 83, 10823 .... ☎ 782 73 21
OttoCar (C5) .... Ottostr. 5, 10555 .... ☎ 392 19 05
Albatros .... Sonnenallee 200, 12059 .... ☎ 681 00 21

Fahrräder

Aber es muß nicht immer ein Auto sein! Gerade das Umland bietet wunderschöne Strecken für ausgedehnte Radtouren, die mangels Bergen auch nicht zu anstrengend sind.

FTL .... Rheinstr. 61, 12159 .... ☎ 852 40 99
Fahrrad-Mietzner (F1) Hagelberger Str. 53, 10965 .... ☎ 785 30 90
Radverleih „Ostrad" Greifswalder Str. 9, 10405 .... ☎ 429 79 74
Bahrdt (A3-B2) .... Kantstr. 88, 10627 .... ☎ 323 81 29

Motorräder

Classic Bike (H2) ..... Skalitzer Str. 112-118 .... ☎ 613 73 43

Flohmarkt Lichtenrade

Mittagshunger? Über Etablissements zum Abfüttern stolpern Sie an jeder Ecke! Von Freßtempel bis Eckpinte gibt es zahlreiche Möglichkeiten, den knurrenden Magen zu besänftigen. Zur unkomplizierten Verköstigung erfreuen sich die unzähligen Imbisse zwischen Kebab, Frühlingsrolle, Currywurst, Pizza, Falafel, Samosas, Glasnudelsuppe, Bulette oder Ökoburger größter Beliebtheit. Welche Landesküchen auch immer, ob unter schicken „Krawatten" oder zwischen Bauarbeitern und den Büroangestellten von um die Ecke: Lassen Sie sich's schmecken!

Anselmo

Edel-Italiener für Dolce-Vita-Fans, in Küche, Preis und Design eher der gehobenen Klasse zuzurechnen.

🕐 Di-Do 12-24 Uhr
Damaschkestr. 17 (Charlottenburg) ☎ 323 30 94
S Charlottenburg, U7 Adenauerplatz

Aschinger (B2)

Beeindruckende Jugendstilarchitektur und deftige Küche mit wechselnden, preiswerten Angeboten des Tages. Das gleichnamige Bier wird nur hier ausgeschenkt!

🕐 tägl. 11-24 Uhr
Kurfürstendamm 26 (Charlottenburg) ☎ 883 55 58
U9,15 Kurfürstendamm, Uhlandstraße

Asia-Quick (B2)

Flotter, freundlicher Service in hellem Rot-Weiß-Laden. Die Scharfsauersuppe hat schon Manchen schwach gemacht.

🕐 tägl. 12-24 Uhr
Lietzenburger Str. 96 (Charlottenburg) ☎ 882 15 33
U15, Bus 109,119,129,219 Uhlandstraße

Avanti (C2)

Selfservice-Italiener gegenüber der Gedächtniskirche.

🕐 So-Do 11-1.30, Fr-Sa 11-3 Uhr
Rankestr. 2 (Charlottenburg) ☎ 883 52 40
S, U2 Zoo, U9 Kurfürstendamm

Bovril (A2)

Halbedles, nouvell-cuisinig angehauchtes Restaurant mit netter Küche zu halbwegs bezahlbaren Preisen – und das direkt am Kudamm und mit bestem Blick darauf.

🕐 Mo-Sa 12-2 Uhr
Kurfürstendamm 184 (Charlottenburg) ☎ 881 84 61
U7,Bus 109,119,129,219,101 Adenauerplatz

Brooklyn (H2)

Imbiß-Sandwiches mit allem Drum und Dran und bester Ausblick auf Leben und Treiben der O-Straße.

🕐 tägl. 12-24 Uhr
Oranienstr./ Adalbertstr. (Kreuzberg)
U8,1 Kottbusser Tor

Café Carrousel (D1)

Preiswerte und reichliche Gerichte in netter Restaurantkneipe für jede Tageszeit.

🕐 tägl. 9-4 Uhr
Eisenacher Str. 86 (Schöneberg) ☎ 213 26 98
U7 Eisenacher Straße

Café Chausseestraße No. 130 (F5)

Restaurant mit Galerie und Kneipentouch, eigener Bäckerei, freundlicher Bedienung, annehmbaren Preisen.

🕐 Mo-Mi 8-1, Do-Sa 8-2, So 12-1 Uhr
Chausseestr. 130 (Mitte) ☎ 281 73 01
U6 Oranienburger Tor

Habibi (D1)

Der Schöneberger Szene liebstes Falafel. Wochenends treffen sich im Stehimbiß hungrige Nachtschwärmer. Großes, liebevoll zubereitetes Anbebot arabischer Speisen.

🕐 tägl. 9-3 Uhr, Fr-Sa durchgehend
Goltzstr. 24/ Winterfeldtplatz (Schöneberg)
U1,2,15 Nollendorfplatz

Hard Rock Café (B2)

Der rockige Riesen-Burger, spitzenmäßige Pommes und American Kitsch.

🕐 tägl. 12-2 Uhr
Meinekestr. 21 (Charlottenburg) ☎ 88 46 20
U9,15 Kurfürstendamm

Hardtke (B2)

Zünftige deutsche Küche und Alt-Berliner Ambiente.

🕐 tägl. 10-1 Uhr, Meinekestr. 27a (Charlottenburg) ☎ 881 98 27
U9,15 Kurfürstendamm

Gasthaus Dietrich Herz

Deutsche Hausmannskost und internationale Gerichte .zu wahrlich billigen Preisen, auch Frühstück und Tagesmenues. Rustikal-bürgerliche Gemütlichkeit und breit gefächertes Publikum.

🕐 tägl. 7-24 Uhr
Marheinekeplatz, in der Markthalle (Kreuzberg) ☎ 693 11 73
U7 Gneisenaustraße

Konnopke

Eine Institution im Prenzlauer Berg! Schon beim Morgengrauen können sich Nachtschwärmer und Frühschichtler mittels Currywurst (mit der angeblich besten Soße der Stadt) für alles Weitere stärken.

🕐 Mo-Sa 4.30-19 Uhr
Schönhauser Allee/ Kastanienallee (Prenzlauer Berg)
U2 Eberswalder Straße

Lothar und Ich

Rund um die Uhr zünftige Küche wie bei Muttern.

🕐 durchgehend
Dominicusstr. 46 (Schöneberg)
☎ 784 41 42
S Schöneberg

Maredo (B2)

Argentinisches Steakhaus der bekannten Art.

🕐 tägl. 11-1 Uhr
Kurfürstendamm 48 (Charlottenburg)
☎ 313 63 46
U9,15 Uhlandstraße, Kurfürstendamm

Nachtigall-Imbiß

Beliebt für den späten Mittagssnack wie für den Einstieg in die Nacht. Zu vegetarisch-arabischen Köstlichkeiten gibt's einen Tee gratis.

🕐 tägl. 12-2 Uhr
Ohlauer Str. 10 (Kreuzberg)
U1,15 Görlitzer Bahnhof

Imbiß an der
Eisenacherstraße

Piccola Musica

Pizzaimbiß mit Lieferservice. Die runde Minipizza in vielfacher Ausführung ist bei Kreuzberger Tag- und Nachtschwärmern äußerst beliebt, die wenigen Stehtische sind daher oft voll belegt.

🕐 So-Do 11-2 Uhr,
Fr-Sa 11-3 Uhr
Wiener Str. 62 (Kreuzberg)
☎ 618 36 43
U1,15 Görlitzer Bahnhof

Rani (D1)

Leckerer indischer Imbiß mit Sitzplätzen für den anspruchsvollen Fast-Food-Freund und Geldbeutelschoner.

🕐 tägl. 12-2 Uhr,
Goltzstr. 32 (Schöneberg)
☎ 215 26 73
U1,2,15 Nollendorfplatz

Schmalzstulle

Typische Eckpinte mit „altdeutschem Mittagstisch".

🕐 tägl. ab 11 Uhr, Fidicinstr. 44 (Kreuzberg)   ☎ 693 84 75
U6 Platz der Luftbrücke

Shell (B2)

Künstlerisch-kühler Schicki-Micki-Laden in einer ehemaligen Tankstelle. Leichte und vegetarische Küche für gehobene Ansprüche.

🕐 tägl. 9-1 Uhr, Knesebeckstr. 22 (Charlottenburg)   ☎ 312 83 10
S Savignyplatz, U9,15 Kurfürstendamm

Zillemarkt (B4-B3)

Berliner Jugendstil und Spezialitäten zwischen Gaststube und Garten.

🕐 tägl. 9-1 Uhr, Bleibtreustr. 48a (Charlottenburg)   ☎ 881 70 40
S Savignyplatz

Zur letzten Instanz (H4)

Eine der ältesten Kneipen Berlins. Wer's mag, muß hier das Eisbein mit Sauerkraut probieren.

🕐 Mo-Sa 12-24, So 11-23 Uhr
Waisenstr. 14-16 (Mitte)   ☎ 242 55 28
U2 Klosterstraße

Die Teilung Berlins hat auch die alten Museen der Stadt schmerzlich getroffen. In den Wirren der Kriegs- und Nachkriegszeit brachte man ihre Bestände an den unterschiedlichsten Orten in Sicherheit.

Durch Zerstörung und Beschlagnahmung wurden alte, gewachsene Sammlungen auseinandergerissen. Nach der Gründung von BRD und DDR dachte natürlich keine Seite daran, die Kunstgegenstände zu überführen. Alle großen, alten Museen lagen in Mitte, so daß der DDR hauptsächlich die Rolle des Fordernden zukam. Der Westberliner Senat begann für die Stücke, die im Westen der Stadt ausgelagert waren, neue Ausstellungsräume zu errichten. Das Museum in Dahlem (S. 85) ist ein solcher Neubau, ebenso wie die Neue Nationalgalerie (S. 88).

Ägyptisches Museum

Dieses liegt auf der anderen Seite des Spandauer Damms, östlich der Schloßstraße. Es enthält, nicht zuletzt durch einige bedeutende Neuerwerbungen, zahlreiche Kunstwerke des alten Ägypten, unter denen die Nofretete-Büste wohl das bekannteste ist.

🕐 Di-So 9-17, Schloßstraße 1 (Charlottenburg) ☎ 32 09 11
Bus 145,209,204

Altes Museum (Museumsinsel) (G4)

Antike Kunst, Skulpturensammlung. Aus der Sammlung „Kunst des 20. Jahrhunderts" der Nationalgalerie ging die Abteilung „Kunst der ehemaligen DDR" hervor.

🕐 Di-So 9-17, Bodestraße 1-3 (Mitte) ☎ 20 35 54 09
S 3, 5, 6, 7, 9 Hackescher Markt

Die Museumsinsel

Antikenmuseum

Neben dem Ägyptischen Museum, auf der anderen Seite der Schloßstraße, liegt das Antikenmuseum. Hier wird vorwiegend Kleinkunst von der Prähistorie bis zur Spätantike ausgestellt.

🕐 Di-So 9-17, Schloßstraße 1 (Charlottenburg) ☎ 32 09 11
Bus 145,209,204

Bauhaus-Archiv (D3) (Museum für Gestaltung)

Das Bauhaus-Museum im Tiergarten gibt einen umfassenden Überblick über Geschichte und Wirken des Dessauer Bauhaus'. Die intensive Arbeit dieser Schule, ihre Methodik, ihre Entwicklung werden hier deutlich dargestellt. Dabei wird ihre Wirkung und ihr Einfluß auf heutige Vorstellungen von

Design und Architektur klar. Da der Platz für das ganze Material nicht ausreicht, wechseln die Ausstellungen gelegentlich das Schwerpunktthema.

⏰ Mi-Mo 10-17, Klingelhöferstraße 14 (Tiergarten) ☎ 254 00 20
Bus 100,106,341

Bodemuseum (Museumsinsel) (G4)

Ursprünglich konzipiert als Museum für nachantike Kunst, befindet sich hier das Münzkabinett, die frühchristlich-byzantinische Sammlung, eine Gemäldegalerie und Skulpturensammlung. Die Vorkriegsbestände findet man hauptsächlich im Dahlemer Museum (S. 85).

⏰ Di-So 9-17, Monbijoubrücke (Mitte) ☎ 20 35 55 08
S 3, 5, 6, 7, 9 Hackescher Markt

Dahlemer Museen

In der Arnimallee in Dahlem befindet sich eine Gruppe von Museen – u. a. die Gemäldegalerie (S. 85) und das Völkerkundemuseum (S. 89) –, die nach dem Krieg größtenteils die Sammlungen der „Stiftung Preußischer Kulturbesitz" aufnahmen. Der Kern des Gebäudes stammt aus dem Jahre 1921 und wurde in den 60er Jahren durch etappenweise Neubauten stark erweitert. Heute stellt es eine große Anlage im Block Arnimallee – Fabeckstraße – Lansstraße – Takustraße dar.

Deutsches Historisches Museum (Zeughaus) (G4)

Das Zeughaus ist das älteste Gebäude Unter den Linden. Ursprünglich als Waffenlager geplant und genutzt, wurde es in der Kaiserzeit in ein Militärmuseum umgewandelt. In der DDR wurde hier das Museum für Geschichte eingerichtet, das freilich der marxistischen Geschichtsbetrachtung verpflichtet war und 1990 aufgelöst wurde. 1994, anläßlich des 300jährigen Bestehens, wird das Gebäude umfassend renoviert. Derweil sind Wechselausstellungen zu sehen.

⏰ Do-Di 10-18, Unter den Linden 2 (Mitte) ☎ 215 02 01 01 17
S3, 5, 6, 7, 9 , Bus 100,157 Hackescher Markt

East Side Gallery

Eine einmalige Freiluftgalerie. Ein etwa 1 km langes Stück der Mauer entlang der Mühlenstraße in Friedrichshain, die parallel zur Spree verläuft. Nach der Wende stellte man die Fläche

Künstlern aus aller Welt für Graffiti-Arbeiten zur Verfügung, eine Betonplatte für jeden, dicht an dicht. Die Sujets ranken sich vorwiegend um Themen wie Freiheit, Grenzen bzw. Grenzüberschreitungen, Begegnungen. Die Stilrichtungen sind vielfältig. Der Zahn der Zeit wird auch an den Farben auf Beton nagen. Erste Bißspuren sind schon sichtbar. Schon aus diesem Grund muß ein Besuch empfohlen werden – denn die Schäden hier werden sicher nicht so sorgfältig restauriert wie die Sixtinischen Kapelle.

Mühlenstraße, Friedrichshain
S Hauptbahnhof / Warschauer Straße

Gemäldegalerie

Etwa 750 Meisterwerke vom 13. Jahrhundert bis zum Rokoko. Italiener, Holländer und Deutsche sind etwa gleich stark vertreten.

🕐 Di-So 9-17, Arnimallee 23-27 (Dahlem) ☎ 83 01-1
U1 Dahlem Dorf

Haus am Checkpoint Charlie (G3)

Im Mauer-Museum wurden Geschichten und Fundstücke im Zusammenhang mit der Berliner Mauer ausgestellt: ihre Vorgeschichte, ihre Erbauung und vor allem die zahlreichen Fluchtversuche. Im kalten Krieg erkennbar ideologisch geprägt, tendierte die Ausstellung während der Entspannungszeit zum Spektakulären, was nicht nur mit dem Thema, sondern auch mit der Zielgruppe zu tun hat: Für Schulklassen auf Bildungsreise war dieses Museum stets eine unvermeidbare Station. Man vergißt nur zu leicht, daß die ganze Situation der Teilung, an die man sich in 40 Jahren gewöhnt hatte, an Absurdität kaum zu überbieten war. Vermutlich wird das Museum am Checkpoint Charlie, sofern es ihm gelingt, diesen Aspekt adäquat darzustellen, in Zukunft noch an Bedeutung gewinnen.

🕐 tägl. 9-22 Uhr, Friedrichstraße 44 (Kreuzberg) ☎ 251 10 31
U6 Kochstraße

Martin Gropius-Bau (F3-2)

Dieses Haus, 1871 von Martin Gropius im Renaissancestil errichtet, übt schon von außen einen starken Eindruck aus, besonders seit es 1981 originalgetreu restauriert wurde. Seither enthält es verschiedene Abteilungen:

Berlinische Galerie

Gemälde, Skulpturen, Zeichnungen, Photographien aus Berlin seit Mitte des 19. Jahrhunderts. Schwerpunkt 20er Jahre, Dada.

Werkbund-Archiv

Geschichte und Entwicklung des Münchner Werkbundes.

Jüdisches Museum

Jüdische Zeremonialkunst, Darstellung der Synagogen in Berlin, Geschichte der Juden in Berlin.

🕐 Di-So 10-20 Uhr, Stresemannstraße 110 (Kreuzberg) ☎ 25 48 60
S1,3 Anhalter Bahnhof, U6 Kochstraße

Der Martin Gropius-Bau

Museum für Verkehr und Technik (F2)

Der Name ist hier Programm. Ein Experimentierfeld für die Besucher, um zahlreiche Versuche aus Naturwissenschaft und Technik selbst nachzuvollziehen.

🕐 Di-Fr 9-17.30, Sa-So 10-18 Uhr
Trebbiner Straße 9 (Kreuzberg) ☎ 25 48 40
U1,2 Gleisdreieck

Museumsinsel (G4)

Die Museumsinsel zwischen Kupfergraben und Spree ist das älteste und berühmteste Berliner Ausstellungsgelände. Den Kern bildet das 1830 fertiggestellte Alte Museum (S. 84); in den folgenden 100 Jahren kamen nach und nach das Pergamonmuseum (S. 89), die Nationalgalerie (S. 88) und das Bodemuseum (S. 85) hinzu.

Bodestraße 1-3 (Mitte) ☎ 20 35 54 09
S3, 5, 6, 7, 9 Hackescher Markt

Nationalgalerie (Museumsinsel) (G4)

Malerei und Plastik des 19. und 20. Jahrhunderts. Die Ausstellung leidet noch mehr als andere unter der Teilung: Werke, die nach Westberlin ausgelagert wurden, wurden später in der Neuen Nationalgalerie zusammengefaßt.

🕐 Di-So 9-17 Uhr, Bodestraße 1-3 (Mitte) ☎ 20 35 55 50
S3, 5, 6, 7, 9 Hackescher Markt

Neue Nationalgalerie (E3)

Von außen bietet dieses Haus von Mies van der Rohe den Anblick klassischer Bauhausarchitektur. Während der Glaspavillon (50 x 50 m!) für Ausstellungen mit wechselnden Themen genutzt wird, befindet sich der eigentliche Bestand im fensterlosen Untergeschoß. Neben über 600 Werken aus dem Bestand der Nationalgalerie (vorwiegend Malerei des 19. Jahrhunderts), bietet das Museum zeitgenössische und moderne Kunst. Die Sammlung gehört mittlerweile zu den wichtigsten in Europa.

🕐 Di-Fr 9-17, Sa-So 10-17 Uhr
Potsdamer Straße 50 (Tiergarten) ☎ 266 26 51
S1, Bus 148,248 Potsdamer Platz

Nikolaikirche (H4)

Die Nikolaikirche im Nikolaiviertel ist die älteste Kirche Berlins. In den Außengängen sind Fundstücke aus dem 13. Jahrhundert, der Frühgeschichte Berlins, ausgestellt. Besonders anschaulich ist ein kleines Modell der Doppelstadt Berlin und Cölln aus der Zeit ihrer Gründung, das einen Eindruck davon vermittelt, woraus die Hauptstadt Deutschlands hervorging.

🕐 Di-Fr 9-17, Sa 9-18, So 10-17 Uhr
Nikolaikirchplatz (Mitte) ☎ 238 09 00
U2 Klosterstraße

Pergamon-Museum (Museumsinsel) (G4)

Benannt nach dem Altar von Pergamon, der sich seit 1886 in Berlin befindet. Die Antikensammlung gehört zu den umfangreichsten und bedeutendsten der Welt. Sie erreichte ihren heutigen Rang durch die Ausgrabungen Schliemanns in Troja, an denen heute noch gearbeitet wird.

🕐 Di-So 9-17 Uhr
Bodestraße 1-3 (Eingang Am Kupfergraben)(Mitte) ☎ 20 35 50
S 3, 5, 6, 7, 9 Hackescher Markt

Schloß Charlottenburg

Hier finden wir zunächst die „Galerie der Romantik", im Knobelsdorff-Flügel des Schlosses. Vorwiegend Werke aus Romantik und Biedermeier, darunter die Gemälde von Caspar David Friedrich. Das Museum für Vor- und Frühgeschichte bietet, trotz schwerer Verluste im Kriege, heute wieder einen Überblick über die Vergangenheit Europas und des Nahen Ostens. Jüngere Funde, von denen es in letzter Zeit im Berliner Raum einige gegeben hat, tragen dazu bei.

🕐 Di-So 9-17 Uhr, Schloßstraße 1 (Charlottenburg) ☎ 32 09 11
Bus 145,209,204

Völkerkundemuseum

Sehr umfangreiche ethnographische Sammlung aus allen Teilen der Erde, schwerpunktmäßig Südsee, Südamerika, Ostasien, Afrika.

🕐 Di-Fr 9-17, Sa-So 10-17 Uhr, Lansstraße 8 (Dahlem) ☎ 830 12 28
U1 Dahlem Dorf

Seien Sie vorsichtig, wenn ein Berliner Lokal das „Café" im Namen führt: dahinter kann sich Vielfältiges verbergen. Oft befriedigt das Café im Laufe des Tages höchst unterschiedliche Bedürfnisse, vom morgendlichen Milchkaffee mit Zeitungslektüre bis zur nächtlichen Dröhnung für die Gehörwindungen. Ob Frühstücksoase oder Tortenschlacht-Terrain, Bistro-Verschnitt oder Snack-Bar, klassisches Kaffeehaus oder eher Kneipe, Nachtbar oder wandelndes Chamäleon zwischen solcherlei Klassifikationen – wir stellen es vor.

al gatta

Ohne Szenegewese einfach nur nett.

🕐 tägl. 9-1, Frühstück 9-18 Uhr
Südstern 2 (Kreuzberg) ☎ 693 85 77
U7 Südstern

Café Adler (G3)

Mit Ausblick auf den ehemaligen Checkpoint Charlie, den Zeitungsfritzen aus der Gegend und kaffeehäuslich angehauchtem Interieur.

🕐 tägl. 10-1, Frühstück bis 17 Uhr
Friedrichstr. 206 (Kreuzberg) ☎ 251 89 65
U6 Kochstraße

Café Alibi (H2)

Wenn Sie sonst schon überall gewesen sind: In der eher gedämpften Schwarz-weiß-Atmosphäre finden Sie immer noch einen Sitzplatz.

🕐 tägl. 10-4, Frühstück 10-16 Uhr
Oranienstr. 166 (Kreuzberg) ☎ 614 72 77
U1,8,15 Kottbusser Tor

Café am Heinrichplatz (H2)

Der Schein trügt: Im etwas behäbig eingerichteten Café nimmt auch ganz unbiederes Publikum Frühstück, Speisen oder Kuchen zu sich. Anschließend kann ein Stockwerk tiefer in der „Roten Harfe" der Bierdurst gestillt werden.

🕐 tägl. 9-20 Uhr, Oranienstr. 13 (Kreuzberg) ☎ 618 44 46
U1,8,15 Kottbusser Tor, Görlitzer Bahnhof

Café Anfall

Ein ungewöhnlicher Klassiker: bewährtes Kreuzberger Kultcafé in schrägem Outfit, dessen Macher des phantasiereichen Dekorierens immer noch nicht müde geworden sind. Eher was für später, bisweilen auch fur's Zucken im Tanzbein.

🕐 Di-So ab 16.30, Mo ab 22 Uhr
Gneisenaustr. 64 (Kreuzberg) ☎ 693 68 98
U7 Südstern

Café Atlantic

Schöne Kreuzberger beim Kaffeeschlürfen und Kucken: Winters hinter, sommers vor den großen Fensterfronten hat man den besten Ausblick auf die lebendige Bergmannstraße. Zeitgeistig gläsern, spiegelig, luftig – und beliebt.

🕐 So-Do 10-3, Fr-Sa 10-4, Frühstück 10-17 Uhr
Bergmannstr. 100 (Kreuzberg) ☎ 691 92 92
U6,7 Mehringdamm, Gneisenaustraße

Café au lait

Nach dem Einkauf in der Wilmersdorfer Straße dort einen solchen trinken und entspannen.

🕐 Mo-Sa 10-2 Uhr, So 11-2 Uhr
Kantstr. 110 (Wilmersdorf) ☎ 324 59 11
U7 Wilmersdorfer Straße

Café Bar Endlich

Wo sich ein Café ans andere reiht, ist auch dieses nicht zuviel. Besonders lauschig sitzt man in dem verwunschenen Vorgärtlein.

🕐 Di-So 9-1 Uhr , Paul-Lincke-Ufer 44a (Kreuzberg) ☎ 611 25 68
U1,8,15 Kottbusser Tor

Café Bar Morena

Ein großer, schöner Raum mit blauen Kacheln, viel Holz und szeniger Gemütlichkeit, zu Stoßzeiten brechend voll. Mit stoischer Miene zeigen sich die fähigen Barkeeper dem Andrang gewachsen.

🕐 tägl. ab 9 Uhr
Wiener Str. 60 (Kreuzberg) ☎ 611 47 16
U1,15 Görlitzer Bahnhof

Café Bar Schwarz Sauer

Eher edleres Café im Oderberger-Kiez mit entsprechendem Publikum, aber angenehme Atmosphäre.

🕐 tägl. ab 10 Uhr
Kastanienallee 13 (Prenzlauer Berg)
U2 Eberswalder Straße

Café Belmundo (D1-2)

Klein, nett und für jedermann.

🕐 Mo-Sa 9-1, So 10-1, Frühstück bis 16 Uhr
Winterfeldtstr. 36 (Schöneberg) ☎ 215 20 70
U1,2,15 Nollendorfplatz

Café Berio (D2)

Zwei-Etagen-Café mit traditionell-gemütlichem Ambiente. Ruhebedürftige können im ersten Stock über den Passantenköpfen meditieren. Kuchen, Eis und Torten hausgemacht!

🕐 tägl. 9-24, Frühstück bis 16 Uhr
Maaßenstr. 7 (Schöneberg) ☎ 216 19 46
U1,2,15 Nollendorfplatz

Café Beth (G5)

Café der jüdischen Gemeinde „Adass Jisroel" mit leckeren, selbstverständlich koscheren Speisen und ab und zu „Kibbuzfrühstück".

🕐 So-Fr 10-22 Uhr, Tucholskystr. 40 (Mitte)
S Oranienburger Straße, U6 Oranienburger Tor

Café/ Bistro am Arsenal (C2)

Klein, sauber, freundlich in Schwarz-weiß: Nach dem Film diskutieren hier auch die Cineasten aus dem Kino Arsenal um die Ecke.

🕐 tägl. 9-1, Frühstück bis 16 Uhr
Fuggerstr. 30 (Schöneberg) ☎ 213 58 26
U1,2,15 Viktoria-Luise-Platz, Wittenbergplatz

Café/ Bistro Rampenlicht (H1)

„Prädikat: Unaufdringlich" für Interieur und Publikum.

🕐 tägl. 9-2, Frühstück bis 16 Uhr
Körtestr. 33 (Kreuzberg) ☎ 692 13 01
U7 Südstern

Café Chaos

Musik- und Billardcafé mit Kiezbezug.

🕐 tägl. 9-2, Frühstück bis16 Uhr
Sophie-Charlotte-Str. 53 (Charlottenburg) ☎ 322 84 09
U2 Kaiserdamm, Sophie-Charlotte-Platz

Café Cinema / CC (G4)

Nettes, preiswertes Schlauchcafé mit bunt plakatierten und bebilderten Wänden für den angenehmen Plausch. Sommers Gartenbetrieb und manchmal Hofkino.

🕐 tägl. 12-2, Frühstück bis 15 Uhr
Rosenthaler Str. 53 (Mitte) ☎ 280 64 15
S 3, 5, 6, 7, 9 Hackescher Markt

Café Einstein (D2)

Eine Institution! Kommt angeblich dem Wiener Kaffeehaus am nächsten, auch wenn die befrackten Pinguine nicht ganz so auf Zack sind. Trotzdem: Allein die Räumlichkeiten, Kaffeehausliteraten und anderen schönen Menschen sind den Besuch allemal wert.

🕐 tägl. 10-2, Frühstück bis 14 Uhr
Kurfürstenstr. 58 (Tiergarten) ☎ 261 50 96
U1,2, Bus 142 Kurfürstenstraße, Nollendorfplatz

Café Eisenwerk

Café und Galerie in Glas und Stahl, dennoch nicht ungemütlich.

🕐 tägl. ab 10 Uhr, Sredzkistr. 33 (Prenzlauer Berg) ☎ 442 21 22
U2 Eberswalder Straße

Café Hardenberg

Großräumig, geschwätzig, betriebsam, studentisch. Da kommt keine Langeweile auf!

🕐 tägl. 9-1 Uhr, Hardenbergstr. 10 (Charlottenburg) ☎ 312 26 44
U2, Bus 145, 245 Ernst-Reuter-Platz

Café Ici (G5)

Das schnuckeligste Lesecafé überhaupt, mit Sofa, Bücherstaub und allem Drum und Dran.

🕐 tägl. 12-23 Uhr
Auguststr. 61 (Mitte) ☎ 281 40 64
U8 Weinmeister Straße

Café Jenseits (H2)

Jenseits der Eindeutigkeit.

🕐 tägl. 8-2, So ab 10, Frühstück bis 16 Uhr
Oranienstr. 16 (Kreuzberg) ☎ 65 29 01
U1,8,15 Görlitzer Bahnhof, Kottbusser Tor

Café Klassik

Vor marmorierten Wänden und schickem Ambiente werden E-Musik-Freunde und allerlei Yuppie-Volk sanft von klassischen Klängen umspült. Müsiggang am Kanal und einen Capucchino im Sommergarten, der bei schönem Wetter einigem Ansturm ausgesetzt ist.

Café Kranzler

🕐 tägl. 9.30-1 Uhr, Paul-Lincke-Ufer 42/43 (Kreuzberg) ☎ 611 70 08
U1,8,15 Kottbusser Tor

Café Kranzler (C2)

Traditionelles Konditorei-Café am Kudamm für Wilmersdorfer Witwen, Touris und Sonstnochwen. Benennt sogar die Straßenecke, doch womit es seine Berühmtheit verdient, bleibt unklar.

🕐 tägl. 8-24 Uhr
Kurfürstendamm 18/19 (Charlottenburg) ☎ 885 77 20
U9,15 Kurfürstendamm

Café M. (D1)

Urtreff der Schöneberger Schönen: Vergnügliches Sehen und Gesehenwerden.

🕐 tägl. 9-2 Uhr, Goltzstr. 33 (Schöneberg) ☎ 216 70 92
U1,2,7,15 Nollendorfplatz, Eisenacher Straße

Café Maschine

Hausgemachtes Eis schlecken!

🕐 tägl. 8-24 Uhr, Leonhardtstr. 1 (Charlottenburg) ☎ 323 60 57
S5 Charlottenburg

Café Milagro

Nettes, freundliches, „richtiges" Café mit beachtlicher Kupferbar.

🕐 So-Do 9-1, Fr-Sa 9-2, Frühstück bis 16 Uhr
Bergmannstr. 12 (Kreuzberg) ☎ 692 23 03
U6,7 Mehringdamm, Gneisenaustraße

Café Möhring (B2)

Alteingesessener Konditoreibetrieb mit eigener Großbäckerei. Tortenschlacht bei Walzermusik.

🕐 tägl. 7-24 Uhr
Kurfürstendamm/Uhlandstraße (Charlottenburg) ☎ 881 20 75
U9,15 Uhlandstraße, Kurfürstendamm

Café Off Time (F/G1)

Freundliches, lichtes Sitz- und Tresencafé mit Straßenblick, schwarzem Gestühl und manchmal Musikveranstaltungen.

🕐 tägl. 10-3 Uhr, Gneisenaustr. 18 (Kreuzberg) ☎ 694 23 60
U6,7 Gneisenaustraße, Mehringdamm

Café Orange (F5)

Etwas schicker an der Oranienburger: hinter Glas das Leben und Treiben auf der Flaniermeile beobachten.

🕐 Mo-Do 10-1 Uhr, Fr/Sa 10-2 Uhr
Oranienburger Str. 32 (Mitte) (282 00 28
S1,2 Oranienburgerstraße, U6 Oranienburger Tor

Café Savarin (E1)

Gemütlich vom Sofa aus die Kuchentheke sondieren. Aber Achtung: die appetitanregende Auswahl von süß bis pikant fördert menschliche Schwächen!

🕐 tägl. 12-24, So ab 10.30, Frühstück bis 15 Uhr
Kulmer Str. 17 (Schöneberg) ☎216 14 88
S Großgörschenstraße, S, U7, Bus 119 Yorckstraße

Café Savigny (B2)

Trotz Vogue-Empfehlung hat es seinen Insider-Charme nicht ganz verloren. Auch Homos sind en vogue.

🕐 tägl. 9-2, Frühstück bis 16 Uhr
Grolmannstr. 53/54 (Charlottenburg) ☎312 81 95
S 3, 5, 6, 7, 9 Savignyplatz

SMA

Café M, Goltzstraße

Berlin spontan

Café Schliemann

Man kann hier auch Kaffeetrinken, sich ansonsten aber gut und billig dem Trunke hingeben. Für aufgetakelte Schönlinge ist dieser Kieztreff ohne falsche Fassade weniger zu empfehlen.

🕐 Fr 19 - Mo 11 Uhr, Mo 19 - Di 11 Uhr, Di 19 - Mi 11 Uhr
Schliemannstr. 22 (Prenzlauer Berg)
S 8, 10 Prenzlauer Allee, U2 Eberswalder Straße

Café Silberstein (F/G5)

Die besondere Note: bemerkenswertes Avantgarde-Gestühl, auf dem man häufig keinen Sitzplatz mehr bekommt. „Künstler-ruf"!

🕐 tägl. ab 16 Uhr, Oranienburger Str. 27 (Mitte) ☎ 281 20 95
S1, 2 Oranienburger Straße, U6 Oranienburger Tor

Café Swing (D2)

Sich draußen die Sonne auf den Pelz brennen lassen? Oder ab 1 Uhr nachts eines der bewährten Eintritt-Frei-Konzerte in die Ohrmuscheln jagen?

🕐 Sommer tägl. 10-5 Uhr, Winter tägl. 12-4 Uhr
Nollendorfplatz 3 (Schöneberg) ☎ 216 61 37
U1,2,15 Nollendorfplatz

Café Tomas (C1-D2)a

Einfallsreiches Frühstück und leckere Salate in der Mittags-sonne.

🕐 tägl. 9-3, Fr-Sa bis 4, Frühstück bis 16 Uhr
Motzstr. 60 (Schöneberg) ☎ 213 23 45
U4 Viktoria-Luise-Platz

Café Übersee

Tresencafé mit schönem Sommergarten – ein Klassiker.

🕐 tägl. 9-3, Frühstück bis 16 Uhr
Paul-Lincke-Ufer 44 (Kreuzberg) ☎ 618 87 62
U1,8,15 Kottbusser Tor

Café V

Kleines lauschiges Vegetariercafé, im Sommer auch zum Beine-baumelnlassen draußen.

🕐 tägl. ab 10 Uhr, Lausitzer Platz 12 (Kreuzberg) ☎ 612 45 05
U1,15 Görlitzer Bahnhof

Café Vierlinden (H2)

In freundlichem Ambiente können Sie Licht, Luft und Sonne genießen, während Sie die Aufmerksamkeit der vier Bedienungen zu erhaschen versuchen. Für den Service müssen Sie Zeit mitbringen.

🕐 Mi-Sa 11-1, So ab 10-1 Uhr
Erkelenzdamm 47 (Kreuzberg) ☎ 615 43 18
U1,8,15 Kottbusser Tor

Café Voltaire

Wie die Öffnungszeit anzeigt: Café und Trinkstube in einem.

🕐 tägl. durchgehend
Stuttgarter Platz 14 (Charlottenburg) ☎ 324 63 17
S5 Charlottenburg, U7 Wilmersdorfer Straße

Café Westphal

Café Westphal/ CW

Vom früheren Besetzercafé zur festen Institution im Kiez und darüber hinaus bekannt. Gemütliches Tagescafé und angenehme Kneipe in Holz und Qualm.

🕐 tägl. 9-4, Mi ab 15 Uhr
Kollwitzstr. 64 (Prenzlauer Berg) ☎ 442 76 48
U2 Senefelderplatz

Café Wirtschaftswunder (F1)

Der Name ist Programm: Plastik in Fifties/Sixties-Manier. Seit der Renovierung fehlt leider der Schmuddelcharme, dafür gibt's jetzt Popcorn.

🕐 tägl. 15-4 Uhr, Yorckstr. 81 (Kreuzberg) ☎ 786 99 99
U6,7 Mehringdamm

Café Xenzi

Wahrlich kleines Neuköllner Kiezcafé mit intimer Atmosphäre: Man sitzt sich gegenseitig auf dem Schoß, taucht die Zeitung in Nachbars Milchkaffee und übt sich im Simultanhören aller Gespräche.

🕐 Mo-Fr 11-2, Sa-So ab 10 Uhr
Selchower Str. 31 (Neukölln) ☎ 622 39 29
U8 Boddinstraße

Café Zapata (G5)

Café im Kunsthaus Tacheles. Szenig, oft laut und eher was für abends, dafür aber manchmal mit punkiger Live-Musik.

🕐 tägl. ab 10 Uhr, Oranienburger Str. 53-56 (Mitte) ☎ 282 61 85
S1,2 Oranienburger Straße, U6 Oranienburger Tor

Cyber Space Café (B3)

Für den abgefahrenen Spieltrieb in uns allen, den Marsch durch künstliche Realitäten oder den handfesten Kaffee. Wochenends gibt's Disco.

🕐 So-Do 10-2, Fr-Sa 10-4 Uhr
Hardenbergstr. 29 (Charlottenburg) ☎ 261 98 21
S 3, 5, 6, 7, 9, U2,9 Zoo

Mediencafé Strada (E2)

Etwas teurer und elitärer. Für längere Wartezeiten auf sehr gutes Essen gibt's Zeitungen und einen Buchladen nebenan.

🕐 tägl. 10-2 Uhr, Potsdamer Str. 131 (Schöneberg) ☎215 93 81
U2 Bülowstraße

Operncafé (F4)

Stilvolles Café, das vom Frühstück bis zum Schoppen Wein alles bietet. Von der Terasse hat man den besten Blick auf die klassizistische Kulisse Unter den Linden.

🕐 tägl. 8.30-24 Uhr, Unter den Linden 5 (Mitte) ☎238 40 16
S 3, 5, 6, 7, 9, U6 Friedrichstraße, Bus 100,157 Französische Straße

Quasimodo Café (B2)

Das Café mitten im Kulturkomplex Kantstraße mit dementsprechend bunt gemischtem Pulikum: Kinobesucher, Schauspieler, Theatergäste, Konzertbesucher und Musiker aus dem Jazzkeller... Besonders zur Berlinale-Zeit ein stets vollbesetztes Muß!

🕐 tägl. 17-1 Uhr, Kantstr. 12a (Charlottenburg) ☎312 80 86
S 3, 5, 6, 7, 9, U2,9, Bus 149 Zoo

Rizz (H1)

Im Sommer lädt die sonnige Straßenecke zu hedonistischem Müßiggang. Typische Kreuzberg-61-Mixtur aus Café und Bar.

🕐 tägl. 10-4, Frühstück bis 16 Uhr
Grimmstr. 21 (Kreuzberg) ☎693 91 71
U7,8, Bus 140, 241 Südstern, Schönleinstraße, Kottbusser Tor

Schwarzes Café (B2)

Eine Institution rund um die Uhr!

🕐 durchgehend geöffnet von Mi 11 Uhr - Mo 3 Uhr
Kantstr. 148 (Charlottenburg) ☎313 80 38
S Savignyplatz

Wintergarten (B2)

Das edle Café zum Literaturhaus, ein bißchen Wiener Flair und geruhsame Atmosphäre in Ku'dammnähe.

🕐 tägl. 10-1, Frühstück bis 13 Uhr
Fasanenstr. 23 (Charlottenburg) ☎882 54 14
U9,15, Bus 109, 119, 129 Uhlandstraße, Kurfürstendamm

Brandenburgisch-Havelländische Burgtage

In der Zitadelle in Spandau. Am zweiten Septemberwochenende steigt in der mittelalterlichen Anlage ein Markt mit Gauklern, Spielleuten, Feuerschluckern und Narren. Dazu: mittelalterliche Musik und Gaumenfreuden.

Info: ☎33 03 22 34
U7 Zitadelle Spandau

Christopher Street Day

Der Feiertag der „gay and lesbian community". Der 18. Juni 1969 war der Tag der ersten Schwulenkrawalle in San Francisco. Im Gedenken daran präsentieren sich Homosexuelle jedes Jahr in den schillerndsten Kostümen zur Parade am Ku'damm.

Filmfestspiele Berlin

Das bedeutendste Filmfestival in deutschen Landen. Jährlich im Februar verleiht eine internationale Jury den Goldenen Bären für den besten Film. Kartenvorverkauf (Schlange stehen): Europa-Center, Kino International. (Siehe auch: „Kino")

Info: ☎25 48 90

Frühlingsfest auf der Hasenheide

Im Volkspark des Turnvater Jahn ein kleiner, aber feiner Rummelplatz am Südeingang des Columbiadamms. Es findet jedes Jahr im April statt und ist mit der Buslinie 104 bequem zu erreichen.

Info: ☎213 32 90

Christopher-Street-Day

Deutsch-Amerikanisches Volksfest

In den ersten drei Augustwochen gibt es „American way of life" am Hüttenweg in Dahlem – ein echter amerikanischer Rummel. 12 000 Amerikaner, die in der Stadt leben, sorgen dafür, daß das Fest nach dem Abzug der US-Boys nicht zum deutschen Heimspiel mutiert.

Info: ☎ 213 32 90
U1 Onkel Toms Hütte

Deutsch-Französisches Volksfest

„Cuisine francaise" ist der Hauptanziehungspunkt des Festes am Kurt-Schumacher-Damm in Tegel in den ersten drei Juliwochen. Vorsicht: Champagner und Sancerre vertragen sich nicht unbedingt mit Achter-Bahn-Fahrten.

Info: ☎ 213 32 90
Bus 121, 128

Drehorgelfest in Köpenik

Ende Juli steigt in Köpenik, im Südosten der Stadt, ein Treffen ganz besonderer Art: mehr als 200 Drehorgelmänner und-frauen lassen die uralte Berliner Tradition im Schloßgarten wieder aufleben. Allemal einen Besuch wert!

Info: Internationale
Drehorgelfreunde e.V.,
☎ 216 21 26

Love-Parade

Berlin spontan

Berliner Festwochen

Im September ist in der Philharmonie Klassik höchster Qualität angesagt. Die Preise für die Eintrittskarten belaufen sich auf 10 bis 145 Mark.

Info: ☎ 254 89-0

Gauklerfest

In den ersten beiden Augustwochen, rund um die Oper unter den Linden – ein Stelldichein für Gaukler, Jongleure und Pantomimen.

Info: ☎ 976 79 09

Heimatklänge

Internationale Sommerkonzerte „umsonst & draußen" im Tiergarten. Nicht zu übersehen ist das Tempodrom, das blau-rote Zirkuszelt neben dem Haus Kulturen der Welt. Anfang Juli bis Ende August (Mittwoch bis Sonntag) wird Weltmusik unter freiem Himmel gespielt.

Info: ☎ 394 40 45
Bus 100

Jazzfest Berlin

Mitte Oktober: Die Highlights der internationalen Jazzszene grooven und jammen an einem ungewohnten Ort: In der Philharmonie am Kulturforum.

Info: ☎ 25 48 90

Kreuzberger Festliche Tage

Ein Rummel rund um den Viktoriapark. In den ersten beiden Septemberwochen treffen sich hier nicht nur die Kreuzberger WGs.

Info: ☎ 213 32 90

Berliner Lindenfest

Ende Juli / Anfang August – ein richtiger Jahrmarkt inmitten historischer Gebäude am Marx-Engels-Platz und Unter den Linden.

Info: ☎ 976 97 09
S, Bus 100 Hackescher Markt

Berlin spontan

Love parade

Karneval der Techno-Kids auf dem Ku'damm. Am ersten Juli-Wochenende findet ein Ersatz für den Karneval in Berlin statt. Am Samstag ziehen die Nachfahren der Blumenkinder im 60s-Look über den Ku'damm. Der Techno-Sound kommt aus Mega-Boxen auf LKWs. Nachts: Partytime in den einschlägigen Clubs.

Kontakt: Rave-Clubs Nationwide, in Berlin: DJ Dr. Motte

Theatertreffen Berlin

In den ersten zwei Maiwochen treffen sich Theatergruppen der Off-Szene in Berlin. Die Auswahl fällt oft schwer, da viele Produktionen und Gruppen völlig unbekannt sind. Hauptspielorte: Schaubühne am Lehniner Platz und Volksbühne am Rosa-Luxemburg-Platz.

Info: ☎ 25 48 90

Weihnachtsmärkte (im Dezember):

Spandau – in der Altstadt
Neukölln – am Richardplatz
Breitscheidplatz, am Europa-Center
Alexanderplatz

Love-Parade

Berlins Tradition als Filmstadt kann sich sehen lassen. Die historisch ersten öffentlichen Filmvorführungen 1895 im „Wintergarten" gelten als die Geburtsstunde des Kinos. Auch sind die Berliner ein recht kinobegeistertes Publikum, das täglich zwischen mehr als hundert Lichtspielsälen wählen kann. Das Ballungszentrum der Spielstätten befindet sich rund um die Gedächtniskirche am Ku'damm, wo in riesigen Häusern mit mehreren Sälen überwiegend die neuesten Hollywood-Streifen abgenudelt werden. Daneben gibt es zahlreiche Off-Kinos von und für Cineasten, in denen mit Idealismus und Engagement eine anspruchsvolle Auswahl über den Mainstream hinaus geboten wird. Ausgrabungen, Klassiker, Kurz-, Experimental- und Low-Budget-Filme, Dokumentarisches und Retrospektiven, aber auch zunehmend zugkräftige Kinohits sind zu sehen. Diese Kino-Kinder der Siebziger haben sich teilweise fest etabliert und mit den üblichen Konzentrationsprozessen zu kämpfen, zu denen sich bereits die nächste Generation, die Off-Off-Kinos, als Alternative von unten mit ungewöhnlichen Programmen anbieten.

Das aktuelle Kinoprogramm ist am umfassendsten den Stadtillustrierten „Zitty" und „Tip" zu entnehmen, daneben informieren auch Tageszeitungen und die überall aushängenden Gemeinschaftsplakate. Dienstag und Mittwoch haben sich als Kinotage bei verbilligtem Eintritt eingebürgert – beliebte Filme sind dann besonders schnell ausverkauft. Manche Kinos bieten mittlerweile auch nette Möglichkeiten für „das Bier danach". Am Wochenende sorgen lange Filmnächte oder Double-Features für Schlaflosigkeit unter den Cineasten. Zunehmendes Publikumsinteresse findet inzwischen das deshalb auch wachsende Angebot an Filmen in Originalfassung (OF) oder mit Untertitel (OmU). Im Sommer ist Kintopp unter freiem Himmel angesagt, wobei Berlin mit der Waldbühne über das angeblich weltweit größte Freiluftkino verfügt. Aber auch in den Freilichtbühnen Hasenheide, Friedrichshain oder der Ufa-Fabrik wird eine bunte Mischung aus Kultfilmen, Kassenschlagern, Musikfilmen, manchmal sogar alten Stummfilmen mit Klavierbegleitung gezeigt.

Seit 1950 bilden die Berliner Filmfestspiele (inzwischen im Februar) das unumstrittene Kino-Highlight des Jahres. Neben dem Wettbewerb der „großen" Filme um die Bären gibt es das Panorama mit Kommerziellem, Dokumentarischem oder Flippigem, die zeit-, personen- oder genreorientierte Retrospektive, das Kinderfilmfest und das Internationale Forum des Jungen Films. Letzteres wird seit 1971 vom Verein „Freunde der Deutschen Kinemathek" veranstaltet und bietet eine spannende Auswahl zum Teil weniger bekannter Filmemacher, innovativer und experimenteller Filme, unterschiedlichster Genres und auch hierzulande wenig beachteter Kulturkreise. Auch das häufig zu kurz kommende Medium Video findet im Rahmen des in Abstimmung stattfindenden Videofests inzwischen Beachtung. Der Berlinale-Trubel mit seinem Mammutprogramm an Filmen, internationalen Filmbiz-Gästen, schlangestehenden Kinobegeisterten und hektischer Betriebsamkeit ist auf alle Fälle das städtische Ereignis für den Cineasten (Infos bei den Berliner Festspielen ☎25 48 90).

Arsenal (C2)

Das Kino der „Freunde der Deutschen Kinemathek", dem Veranstalter des „Internationalen Forums des Jungen Films". Archivkino und eines der renommiertesten Filmkunstkinos mit alten und neuen Filmen aller Genres: Retrospektiven, Dokumentarfilme, Avantgarde.

Welserstr. 25 (Schöneberg) ☎213 60 30/218 68 48
U1,2,15 Wittenbergplatz

Babylon A & B (H2)

Autorenfilme, Original- oder OMU-Fassungen, Independents im Herzen Kreuzbergs.

Dresdener Str. 126 (Kreuzberg) ☎ 614 63 16
U1,2,15 Kottbusser Tor

Babylon Mitte (H5)

Filmkunst, Filmhistorisches, gehobene Unterhaltung, Independent Movie im Filmpalast aus den Zwanzigern. Zur Redaktionszeit aufgrund von Gebäudeschäden leider nur Aufführungen im Foyer.

Rosa-Luxemburg-Str. 30 (Mitte) ☎ 242 50 76
S 3, 5, 6, 7, 9, U2,5,8 Alexanderplatz, Rosa-Luxemburg-Platz

Börse (G4)

Benannt nach der alten Berliner Börse und ehemals Vorführkino des einstigen DDR-Monopolverleihers Progress. Anspruchsvolles Programm, auch viele DEFA-Filme.

Burgstr. 27 (Mitte) ☎ 280 51 10
S 3, 5, 6, 7, 9 Hackescher Markt

Broadway (C2)

Filmkunst, Erst- und Wiederaufführungen in der City. Kleines Warte-Café.

Tauentzienstr. 8
(Charlottenburg) ☎ 261 50 74
S 3, 5, 6, 7, 9, U1,2,15 Zoo,
Wittenbergplatz

Delphi (B2)

Wunderschönes Kino in ehemaligem Tanzpalast, mit Großleinwand und 70mm-Projektionsanlage. Erstspielstätte des Internationalen Forums des Jungen Films.

Kantstr. 12a (Charlottenburg)
☎ 312 10 26
S 3, 5, 6, 7, 9, U9,15 Zoo,
Kurfürstendamm

Delphi-Palast

Filmpalast Berlin (C2)

Aufwendig renoviertes und mit THX-Anlage ausgestattetes 50er-Jahre-Kino. Erstaufführungen; auch Spielstätte der Berlinale.

Kufürstendamm 225 (Charlottenburg) ☎ 883 85 51
U9,15 Kurfürstendamm

Freiluftkino Hasenheide

Von Blues Brothers über die Doors bis Jim Jarmusch und Tex Avery: die bewährte bunte Sommerkino-Mischung!

Im Volkspark Hasenheide
U2,5,8 Hermannplatz

International (H5)

Kühl-modernes Uraufführungskino der Sechziger im östlichen Zentrum. Premieren, Filmkunst, Kinderfilme und Retrospektiven.

Karl-Marx-Allee 33 (Mitte) ☎ 242 58 26
S, U2,5,8 Alexanderplatz, Schilligstraße

SMI

Hasenheide

Kellerkino (H2)

Off-Off-Kino mit Low- und No-Budget-Filmen hauptsächlich hiesiger Filmemacher.

Dresdener Str. 125 (Kreuzberg) ☎ 614 73 93
U1,8,15 Kottbusser Tor

Berliner Kinomuseum (F1)

Originelles Wohnzimmerkino mit antiken Vorführgeräten und ebensolchem knarzend-unbequemem Gestühl. Gespielt werden alte, vornehmlich deutsche Klassiker des Stumm- und Tonfilms, die in der dargebotenen technischen Qualität erst richtig authentisch wirken.

Großbeerenstr. 57 (Kreuzberg)
U6,7 Mehringdamm

Marmorhaus (C2)

1912 eröffnet, ist es eines der ältesten Filmtheater, von dessen Ursprung allerdings nur noch die Fassade erhalten ist. Gespielt wird überwiegend Mainstream internationaler Machart.

Kurfürstendamm 227/236 (Charlottenburg) ☎ 8811-522/-406
S, U2,9,15 Zoo, Kurfürstendamm

Moviemento

Das älteste noch existierende Berliner Kino (1907) mit Erstaufführungen, Repertoire, Retrospektiven und Filmreihen. Durch seine Midnight-Double-Features am Wochenende besonders verdient um die Nachteulen unter den Filmfreaks.

Kottbusser Damm 22 (Kreuzberg) ☎ 692 47 85
U8 Hermannplatz, Schönleinstraße

Notausgang

Eines der traditionsreichsten Off-Kinos, spezialisiert auf Klassiker der dreißiger und vierziger Jahre. Der „Hausregisseur" Ernst Lubitsch sitzt als lebensgroße Puppe im schlauchigen Saal.

Vorbergstr. 1 (Schöneberg) ☎ 781 26 82
U7 Kleistpark

Odeon

Autorenfilme, auch Erstaufführungen, meistens in Originalversion.

Hauptstr. 116 (Schöneberg) ☎ 781 56 67
U4 Innsbrucker Platz

Passage

Eine der ersten Vorführungsstätten mit Ton, nun wunderschön restauriert und mit einem emsig frequentierten Café ausgestattet. In den fünf Sälen laufen überwiegend die aktuellen Unterhaltungsproduktionen.

Karl-Marx-Str. 131 (Neukölln) ☎ 681 70 50
U7 Karl-Marx-Straße

UFO

Mehrere Kinosäle und Freilichtaufführungen im alternativen Kulturprojekt Ufa-Fabrik. Neben Kino ist an Kultur auch sonst so gut wie alles zu haben.

Viktoriastr. 13 (Tempelhof) ☎ 75 50 30
U6 Ullsteinstraße

Waldbühne

Beliebtes Berliner Sommerabendvergnügen in riesiger Freilichtarena.

Glockenturmstr./Passenheimer Str. (Charlottenburg) ☎ 305 50 79
U2 Olympiastadion

Yorck & New Yorck (F1)

Erstaufführungen „großer" und unabhängiger Produktionen. Kopfkino der Yorck-Kino GmbH, die inzwischen einen Off-Kleinkonzern darstellt.

Yorckstr. 86 (Kreuzberg) ☎ 786 50 70
U6,7 Mehringdamm

Zoo-Palast (B3)

Riesiges Kinocenter und Erstaufführungsstätte des Berlinale-Wettbewerbs. Ansonsten Premierenkino meist der gängigen Produktionen. Let's go Hollywood.

Hardenbergstr. 29 (Charlottenburg) ☎ 261 15 55
S 3, 5, 6, 7, 9, U2,9 Zoo

Auch wenn Berlin die „Eldorado"-Zustände der Zwanziger so nicht wieder erreicht hat: das Klima ist freizügig, die Szene aktiv und jedes Splittergrüppchen pflegt sein eigenes Forum. So gibt es für nahezu jede Aktivität und Vorliebe Gleichgesinnte – mann/frau muß sie nur finden. Abgesehen von den festen Institutionen herrscht nämlich oft terminlicher Wildwuchs, gibt's bestimmte Frauentage oder Gay-Dance-Nights. Viele Läden sind für Lesben und Schwule aufgeschlossen, haben aber einen eindeutigen Schwerpunkt und spezielle Veranstaltungen. Daher ist der Blick in die Stadtillustrierten und besonders in die einschlägigen Publikationen wie „Schnepfe" und „Blattgold" (für

Frauen) oder „Siegessäule" und „Gay Express" (für Männer) unerläßlich, um den nachfolgenden Ausschnitt aus dem Angebot zu ergänzen.

Treffs, Info, Beratung

EWA

Das Frauenzentrum unter dem Motto „Erster weiblicher Aufbruch"!

🕐 Café mit Galerie Mo-Fr 16-23 Uhr
Prenzlauer Allee 6 (Prenzlauer Berg) ☎442 55 42
Tram 1

Fraueninfothek Berlin

Berlin-Informationen für Frauen, touristische Besucherinnen-Programme.

🕐 Mo-Fr 10-18 Uhr, Dircksenstr. 47 (Mitte) ☎282 39 80
S 3, 5, 6, 7, 9, U2,5,8 Hackescher Markt, Alexanderplatz

Kommunikations- und Beratungszentrum homosexueller Männer und Frauen (E1)

Schwulen- und Lesbenberatung, Therapien, Gesprächsreihen, Gruppen, Bildungsarbeit.

(WW) Mo, Di, Do 16-20 Uhr ☎ 215 20 00
(MM) Mo, Mi 17-20, Di, Do 15-18 Uhr ☎ 215 90 00
Kulmer Str. 20a (Schöneberg)
S Großgörschenstraße, S,U7 Yorckstraße

Mann-O-Meter (D2)

Ein unersetzlicher Anlaufpunkt in allen schwulen Lebenslagen: Informationen zu schwulem Leben, Gruppen, Aktivitäten, Kontaktvermittlung, Beratung zu Gesundheit, HIV, Aids, Café undundund.

Mo-Sa 15-23, So 15-21 Uhr, Motzstr. 5 (Schöneberg) ☎ 216 80 08
U1,2,15 Nollendorfplatz

Schokofabrik

Information, Beratung, Kurse, Werkstätten, Kunstmarkt, Dampfbad, Schoko-Sport und nicht zuletzt ein schönes Café.

Café Di-So 13-24 Uhr, letzter Sa im Monat Disco
Mariannenstr. 6 (Kreuzberg) ☎ 615 15 61
U1,8,15 Görlitzer Bahnhof, Kottbusser Tor

Mannege (F3)

Information und Beratung für Schwule und andere Männer.

Mo 16-18, Mi 11-13 Uhr (auch für Heteros)
Friedrichstr. 165 (Mitte), c/o Haus der Demokratie, Raum 303/4
☎ 208 21 57
U2 Stadtmitte

Cafés, Kneipen, Bars, Discos

Acker-Café

Hinterhofstimmung im Hochparterre und angenehme Selfmade-Atmosphäre.

Di-Fr 16-21 Uhr, Mi nur Frauen
Ackerstr.12, HH (Mitte) ☎ 208 74 18
U8 Rosenthaler Platz

Anderes Ufer

Sekt und Selters, Kaffee und Kuchen – traditionelles Nachmittagscafé mit monatlich wechselnden Ausstellungen schöner

Männer. Ein Vorreiter der schwulen Offensive, heute immer noch ein Klassiker der Marke „Lauern und Linsen".

🕐 tägl. 11-2 Uhr
Hauptstr. 157 (Schöneberg) ☎ 784 15 78
U7 Kleistpark

Andreas' Kneipe (C1-2)

Schöneberger Schwulentreff, Mittvierziger mit Vorliebe für Bier auf Häkeldeckchen.

🕐 tägl. 11-4 Uhr
Ansbacher Str. 29 (Schöneberg)
☎ 24 32 57
U1,2,15 Wittenbergplatz

Begine (D1-2)

Hier ist immer Frauentag! Schlicht-edles Ambiente, ruhige Kaffeehausatmosphäre und etabliertes Kulturzentrum. Da liegt alles aus, da kriegt frau alles mit.

🕐 tägl. 18-1 Uhr
Potsdamer Str. 139 (Schöneberg)
☎ 215 43 25
U2 Bülowstraße

biz-Café

Das Café des Beratungs- und Informationszentrums im Sonntags-Club e.V.: schwul, lesbisch, bi- und transsexuell. Mit Ost-Tradition.

🕐 Mo-Do 16-22, Fr-So 18-24 Uhr, Fr nur WW
Rhinower Str. 8 (Prenzlauer Berg) ☎ 449 75 90
S 8,10, U2 Schönhauser Allee

Märchenbrunnen im Volkspark Friedrichshain

Café Anal

Progressiver Plüsch! Heimeliges Kuriositätenkabinett, in zwei Zeilen nicht zu beschreiben.

🕐 ab 15 Uhr, Mo Frauentag
Muskauer Str. 15 (Kreuzberg) ☎ 618 70 64
U1,15 Görlitzer Bahnhof

Café Ecke Schönhauser

Schon mit DDR-Tradition! Aufgesetzter Möchtegern-Schick neben miefiger Biergemütlichkeit, aber mit familiärem Charakter.

🕐 tägl. ab 12 Uhr
Kastanienallee 2 (Prenzlauer Berg) ☎ 448 33 31
U2 Eberswalder Straße

Café PositHIV (E1)

Kleines, familiäres Café von, für, mit Menschen mit HIV und AIDS.

🕐 Di-Sa 17-22, So 15-22 Uhr
Großgörschenstr. 7 (Schöneberg) ☎ 782 03 54
U7 Kleistpark

Café Mondschein (H1)

Die schwule Tresenkneipe für den Neuköllner „Ich-will-nicht-so-weit". Ein gemütliches Bier zwischen Zarah Leander und Peter Maffay.

🕐 tägl. ab 20 Uhr
Urbanstr. 101 (Kreuzberg)
U8 Hermannplatz

Café Savigny (B2)

Edles Ambiente und gutes Benehmen. Der intellektuelle Zeitungsleser im Blickkontakt mit ebensolchen.

🕐 tägl. 9-2, Frühstück bis 16 Uhr
Grolmannstr. 53/54 (Charlottenburg) ☎ 312 81 95
S 3, 5, 6, 7, 9Savignyplatz

Café Seidenfaden (G/H5)

Nettes, alkohol- und drogenfreies Quatsch- und Veranstaltungscafé bei der Fraueninfothek. Frau macht auch in Kultur.

🕐 Di-Fr 11- 21 Uhr Sa,So 11-18 Uhr
Dircksenstr. 47 (Mitte) ☎ 283 27 83
S 3, 5, 6, 7, 9 Hackescher Markt

Cave (D2)

Gel ins Haar, den Gürtel ein Loch enger und ab ins „Zitronenröllchenglück". Räume, Bedienungen, Gäste – alles so schön, daß mann's kaum aushält.

🕐 tägl. 15-2 Uhr
Eisenacher Str. 116 (Schöneberg) ☎ 217 05 18
U1,2,15 Nollendorfplatz

Connection Café (D2)

Für den kommunikativen Feierabendcocktail des aufgestylten Krankenkassenangestellten im Muscle-Shirt steht die geblümte Polstergarnitur parat.

🕐 tägl. 14-2 Uhr, Martin-Luther-Str. 19 (Schöneberg) ☎213 11 16
U4 Viktoria-Luise-Platz, U1,2,15 Wittenbergplatz, Nollendorfplatz

Connection Disco (C2)

Sonnenbankgebräunte Selbstdarsteller in tänzerischer Hemmungslosigkeit. Ist die Tanzfläche nur heiß, im dunklen Keller wird es richtig „hot".

🕐 Fr/Sa ab 22 Uhr, Welserstr. 24 (Schöneberg) ☎24 14 32
U4 Viktoria-Luise-Platz, U1,2,15 Wittenbergplatz, Nollendorfplatz

Dandy-Club

Bekannt für seine monatlichen Safer-Sex-Parties.

🕐 ab 21 Uhr, Urbanstr. 64 (Kreuzberg)☎691 90 13
U8 Hermannplatz

„Die 2" am Wasserturm

Hier ist Platz zum Trinken und Tanzen. Raumatmosphärisch ehemaliges Vereinslokal der angrenzenden Kleingartenkolonic mit Landdisco-Charme. Sommers draußen besitzbare Plastikelemente im Kies, Erinnerungen an portugiesische Campingplätze werden wach. Samstags ein Muß: beliebt, voll, mit guter Tanzmusik und bunt gemischtem Publikum zwischen jung und älter, Schicki und Normalo.

🕐 Mi, Sa, So ab 22 Uhr Disco, sonst ab 19 Uhr Kneipe
Spandauer Damm 168 (Charlottenburg) ☎302 52 60
S45, 46, Bus 145 Westend

Die Busche

Größte Berliner schwul-lesbische Disco mit guter Tanzmusik und lockender Frischfleischbeschau.

🕐 Mi, So 21-5, Fr-Sa 21-6 Uhr, Mühlenstr. 11-12 (Friedrichshain)
S3, 5,7,9, Bus 147 Warschauer Straße, U1,15 Schlesisches Tor

Dinelo

Leicht unterkühlte Hotelhallenatmosphäre mit Korbstuhl und Ventilator. Akademikerinnen führen intellektuelle Gespräche in gepflegter Umgebung.

🕐 Di-So 18-2 Uhr, Vorbergstr. 10 (Schöneberg) ☎782 21 85
U7 Kleistpark, Eisenacher Straße

Berlin spontan

Christopher-Street-Day

Doppelfenster – mitNichten

Nach Koffein im Acker-Café ab in den Acker-Keller und das Tanzbein schwingen!

🕐 Mi 21-2 Uhr nur WW, Di 21-2, Fr 22-4 Uhr lesbisch-schwul
Ackerstr. 12, HH (Mitte)
☎ 208 74 18
U8 Rosenthaler Platz

EWA-Café

Nettes Café des „Ersten weiblichen Aufbruchs". Samstags zur Discotime trifft sich eine bunte, kontaktfreudige Ost-West-Mischung unter Melissa-Etheridge-Garantie.

🕐 Mo-Fr 16-23 Uhr, Sa Disco
Pranzlauer Allee 6 (Prenzlauer Berg) ☎ 442 55 42
Tram 1

Flipflop (E1)

Schwul-emanzipatorischer Familienverein mit studentischem Einschlag und integrativer Stimmung. Die rosa Untergruppe der Jusos trinkt hier Ouzos.

🕐 Mo-Sa ab 19, So ab 11 Uhr
Kulmer Str. 20a (Schöneberg) ☎ 216 28 25
S1,2 Großgörschenstraße, S1,2, U7 Yorckstraße

Gay-T-Dance (D2)

Hip-Veranstaltung im Metropol für schöne Weekend-Hopper.

🕐 Sonntags ab 20 Uhr nach Vorankündigung
Metropol, Nollendorfplatz 5 (Schöneberg) ☎ 216 41 22
U1,2,15 Nollendorfplatz

Golden Girls (D2)

Im Kneipenvorraum warten Holzbänke, im Restaurant im Nebenraum die stehenden Servietten. Gemischtes Publikum frequentiert auch den kleinen, netten Biergarten.

⏱ tägl. 16-1, Sa,So ab 10 Uhr, So, Mo auch für Schwule
Zietenstr. 8 (Schöneberg) ☏ 262 59 33
U1,2,15 Nollendorfplatz

Hafen (C1-D2)

Szene-Meeting beim obligatorischen Becks-Bier. Unterm Puttenhimmel entfaltet sich ein Nachtpalazzo der besonderen Art. Treff- und Sammelpunkt zum Verweilen oder Weiterziehen in die benachbarten Läden.

⏱ tägl. 20-4 Uhr, Motzstr. 19 (Schöneberg) ☏ 214 11 18
U1,2,15 Nollendorfplatz, U4 Viktoria-Luise-Platz

Knast (C2)

Hartgesottene Kerls schwitzen in Lack, Leder, Latex. In der institutionalisierten Gefängnisatmosphäre gibt's das Bier nur hinter Gittern.

⏱ tägl. 21-5 Uhr, Fuggerstr. 34 (Schöneberg) ☏ 218 10 26
U4 Viktoria-Luise-Platz

Lipstick

Hier wird getanzt, bis die Sohlen brennen, und gekuckt, bis die Kontaktlinsen splittern – aber immer schön cool bleiben. Dienstags und sonntags dürfen auch die Jungs abrocken zu Pet Shop Boys bis zum Umfallen.

⏱ Di-So ab 22 Uhr, Mi, Fr, Sa nur für Frauen, Mo 8-19 Uhr Techno
Richard-Wagner-Platz 5 (Charlottenburg) ☏ 342 81 26
U7 Richard-Wagner-Platz

Pour Elle (D2)

Kitsch as Kitsch can. Berlins älteste Lesbenbar mit Klingel, Mini-Tanzfläche, plüschigen Sofas und Discopreisen. Während die einen auf immer ausgelasteten zwei Quadratmetern zu alten Schlagerschnulzen abtanzen, versinken Erholungsbedürftige in braunem Samtimitat. Studiogebräunter Mittelstandsschick: Dauerwelle, Nakkenspoiler, Föndüsen, Dekolleté.

⏱ tägl. 21-5 Uhr, Kalckreuthstr. 10 (Schöneberg)
☏ 218 75 33
U1,2,15 Nollendorfplatz

Roses (H2)

Flokati an der Wand bezeichnet zeitgeistigen Plüsch. In enggedrängter Amüsier-Stimmung läßt sich die Nacht gut an, während das Geschlecht der angerüschten Bedienungen Rätsel aufgibt.

🕐 tägl. 21.30-5 Uhr, Oranienstr. 187 (Kreuzberg) ☎ 615 65 70
U1,8,15 Kottbusser Tor

Schall und Rauch

Schlicht-schicke Handtuch-Bar mit angenehmer Atmosphäre. Die Gäste sitzen wie die Hühner auf der Stange, die Barkeeper liefern einen Laufmarathon am ellenlangen Tresen. Netter Laden, freundliche Bedienung.

🕐 tägl. ab 17, Frühstück Sa ab 11, So ab 9 Uhr
Gleimstr. 23 (Prenzlauer Berg)
S8,10, U2 Schönhauser Allee

Schoko-Café

Helles, freundliches Café im Frauenzentrum Schokofabrik und Infostation der Marke Multikulti und political correctness. Nach dem Atemtraining, dem Selbstverteidigungskurs, dem Kunsttrödel, dem Ganzkörperpeeling im türkischen Dampfbad... In sonntäglicher Tanzteeatmosphäre bei Glenn Miller und Konsorten bemüht sich frau um den richtigen Hüftschwung.

🕐 Di-So 13-24, So ab 20 Uhr,
letzter Sa im Monat Disco (Standardtanz)
Mariannenstraße 6 (Kreuzberg) ☎ 615 15 61
U1,8,15 Görlitzer Bahnhof, Kottbusser Tor

Schoppenstube

Älteste Ostberliner Gay-Klingelbar mit Filmruhm und mittwochs alten Ostpreisen. Mann ist unter sich und gönnt sich ja sonst alles!

🕐 tägl. 21-7 Uhr
Schönhauser Allee 44 (Prenzlauer Berg) ☎ 442 82 04
U2 Eberswalder Straße

Schwuz

Eine Institution für die Samstagabendgestaltung. Im Zeichen schwulen Marktgeschehens trifft man immer jemanden – und sei's der Freund von vor sechs Jahren. Ein fixer Treffpunkt zum

Quatschen und Abtanzen von Stöckel bis Sandale.

🕐 Fr 21-2 Uhr Café, Sa ab 22 Uhr Disco
Hasenheide 54, 2. HH (Kreuzberg) ☎ 694 10 77
U7 Südstern

SO 36 (H2)

„Hungrige Herzen" finden hier Nahrung bei den schwul-lesbischen Mittwochspartys.

🕐 Mi ab 21 Uhr, monatlich Queerparty nach Vorankündigung
Oranienstraße 190 (Kreuzberg) ☎ 615 26 01
U1,8,15 Kottbusser Tor, Görlitzer Bahnhof

Stiller Don

Der Weg lohnt sich. Zeitgeistig-rustikale Kneipe im hintersten Winkel Prenzlbergs bietet gute Musik, entspannte Atmosphäre und genug zum Kucken.

🕐 tägl. 18-2 Uhr
Erich-Weinert-Str. 67 (Prenzlauer Berg)
S8,10 Prenzlauer Allee

Tom's Bar (D2)

Alles, was der „echte" Kerl braucht: Darkroom, Pornos, Gleichgesinnte. In den Morgenstunden die letzte Station für potentielle Lover mit Torschlußpanik.

🕐 tägl. ab 22 Uhr
Motzstr. 19 (Schöneberg) ☎ 213 45 70
U1,2,15 Nollendorfplatz

Valentino

Der Name sagt's: gestylt und ein wenig steril. Bisweilen schneien allerlei nette und kuriose Gestalten aus der Umgebung herein.

🕐 tägl. 18-3, Sa ab 14, So ab 10 Uhr
Auguststr. 84 (Mitte) ☎ 208 94 84
S 1,2 Oranienburger Straße, U6 Oranienburger Tor

Zum Burgfrieden

Schwule Traditionskneipe schon zu DDR-Zeiten und eine der Kulissen für den legendären Film „Coming out" (s. Schoppenstube). Rustikale Biergemütlichkeit und trotzdem wilde Mischung.

🕐 tägl. 18-4 Uhr, Wichertstr. 69 (Prenzlauer Berg) ☎ 445 72 79
S8,10, U2 Schönhauser Allee

Körperkultur

Dina's Bodystyling (A3)

Fitness, Aerobic, Sauna, Solarium... Alles, was frau gut tut.

🕐 Mo, Mi, Fr 16-21.30, Di, Do ab 11, Sa 11-16 Uhr
Bismarckstr. 98 (Charlottenburg) ☎312 11 10
U2 Deutsche Oper

Gate Sauna (F3)

Sauna, Massage, Solarium,
Bar – all night long.

🕐 tägl. 11-7, Fr 11- Mo 7 Uhr durchgehend
Wilhelmstr. 81 (Mitte) ☎229 94 30
S1,2 Unter den Linden, U2 Mohrenstraße

Hamam

Frauendampfbad im türkischen Stil. Mal ordentlich mit Wasser planschen!

🕐 Mo-Mi 17-22, Di-So 13-22 Uhr
Mariannenstr. 6 (Kreuzberg) ☎615 14 64
U1,8,15 Görlitzer Bahnhof, Kottbusser Tor

Treibhaus Sauna

Männerschweiß.

🕐 Mo-Do 15-6, Fr 15 - Mo 6 Uhr durchgehend
Schönhauser Allee 132 (Prenzlauer Berg) ☎448 45 03
S 8,10 Schönhauser Allee, U2 Eberswalder Straße

Kultur und so...

Allgirls gallery (G5)

🕐 Mo-So 15-18 Uhr bzw. Veranstaltungen
Kleine Hamburger Straße 16 (Mitte)
S1,2 Oranienburger Straße

Bar jeder Vernunft (B/C2)

Varieté, Cabaret, Restaurant, Nachtsalon mit Gästen, Piano-Bar...

🕐 tägl. 20.30 Uhr Programm, 23 Uhr Piano-Bar, Fr,Sa Nachtsalon
Schaperstr. 24 (Wilmersdorf) ☎883 15 82
U1,9,15 Spichernstraße, Augsburger Straße, Kurfürstendamm

Das verborgene Museum (B2-3)

Dokumentation der Kunst von Frauen e.V.

🕐 Do/Fr 15-19, Sa,So 12-16 Uhr und nach Vereinbarung
Schlüterstr. 70, HH (Charlottenburg) ☎ 313 36 56
S 3, 5, 7, 9, Bus 149 Savignyplatz

Eiszeit-Kino

Veranstaltungsort schwul-lesbischer Filminitiativen, manchmal Filmreihen.

Zeuhofstr. 20 (Kreuzberg) ☎ 611 60 16
U1,15 Görlitzer Bahnhof, Schlesisches Tor

Galerie Janssen – men's art gallery (B2-1)

Neben den Ausstellungen auch Poster, Postkarten, Bücher.

🕐 Mo-Fr 11-18.30, Sa 11-14 Uhr
Pariser Str. 45 (Wilmersdorf) ☎ 881 15 90
U1,9 Spichernstraße

Lilith (B2)

Engagierter Frauenbuchladen.

🕐 Mo-Sa ab 10, langer Sa bis 18 Uhr
Knesebeckstr. 86 / 87 (Charlottenburg) ☎ 312 31 02
S 3, 5, 7, 9, Bus 149 Savignyplatz

Pelze Multi Media (E1-3)

Begegnungsstätte und Kunstaktionsraum. Frau kann sich überraschen lassen.

🕐 s. Veranstaltungshinweise
Potsdamer Str. 139 (Schöneberg) ☎ 216 23 41
U2 Bülowstraße

Prinz Eisenherz (B2)

Schwuler Buchladen mit Veranstaltungsprogramm.

🕐 Mo-Fr 10-18.30, Do bis 20.30, Sa 10-14, langer Sa 10-16 Uhr
Bleibtreustr. 52 (Charlottenburg) ☎ 313 99 36
S 3, 5, 7, 9, Bus 109, 119, 129 Savignyplatz

Schwules Museum (F1)

Ausstellungen, Bibliothek und Archiv

🕐 Mi-So 14-18 Uhr
Mehringdamm 61 (Kreuzberg) ☎ 693 11 72
U6,7 Mehringdamm

Nach dem Berliner Grundsatz für die Straßenkreuzung „an jeder Ecke eine Trinkstube" existiert eine unübersehbare Anzahl der verschiedensten Kneipen. Daher haben Sie reiche Auswahl, um in gefälliger Atmosphäre dem Trunke zuzusprechen. Zu den großen Vorzügen der Stadt gehört, daß das Nachtleben nicht durch lästige Sperrstunden blockiert wird. Wann die Stühle hochgestellt werden, basiert meist auf Gewohnheitsrecht, der Stimmung des Abends und dem Gutdünken des Wirts. Nachtschwärmer können rund um die Uhr ihre Tummelplätze finden, und am frühen Morgen ist oft nur an Gesichtsfarbe und Standfestigkeit erkenntlich, ob jemand schon oder noch immer unterwegs ist. Die Kneipenszenerie unterliegt einem steten Wandel, und wer den Überblick über Neueröffnungen, Besitzerwechsel, Umbauten oder – schlimmstenfalls – Schließungen behalten möchte, hat ein hartes Stück Trinkarbeit zu leisten. Die Kriterien der Publikumsbewegung bleiben dabei häufig im Nebulösen. Besonders für die Einstufung auf der Beliebtheitsskala zwischen „In" und „Out" gelten undurchschaubare Gesetzmäßigkeiten. Gott sei Dank existieren aber auch zahlreiche bewährte Dauerbrenner fern zeitgeistiger Bindungen. Bei fließenden Übergängen zwischen Café, Kneipe und Nachtbar gibt es große Unterschiede, die Geschmäcker sind verschieden, und angesichts des vielfältigen Angebots neigt das Berliner Publikum zur Nischenbildung. So werden viele Lokale bevorzugt von einer relativ homogenen Publikumsschicht frequentiert, und man muß sich etwas umsehen, um die persönlichen Wohlfühl-Läden zu finden. Zwischen Szene-Treff und Destille gibt es Kneipen wie Sand am Meer – gehen Sie auf Entdeckungsreise!

Acud

Bei rockigen Klängen enfaltet sich alternativ angehauchter Ost-charme. Im Winter belegen WG- und Diskussionsrunden die Tische in Ofennähe.

🕐 tägl. 19-5 Uhr
Veteranenstr. 21 (Mitte) ☎ 281 08 90
U8 Rosenthaler Platz

Assel (F5)

Kelleridylle mit Graswurzelblick und Holzambiente. Bisweilen wird man von musikalischen Sondereinlagen überrascht. Der Beliebtheit zufolge sitzt man abends oft dicht an dicht.

🕐 Mo-Fr 9-3, Sa-So 14-3 Uhr
Oranienburger Str. 21 (Mitte) ☎ 281 44 90
S1,2 Oranienburger Straße, Hackescher Markt

Bla-Bla

Im Namen der klassischen Kneipenfunktion: das „verlängerte Wohnzimmer" schlechthin!

🕐 tägl. 16-7 Uhr, Sredzkistr. 19a (Prenzlauer Berg) ☎ 442 35 81
U2 Eberswalder Straße

Bumerang

Das „ZK" wurde zum Bumerang: linkes Info-Café der ersten Wende-Stunde. Die Stullenpreise sind wahrlich proletarier-freundlich.

🕐 tägl. ab 16 Uhr, Stubbenkammerstr. 6 (Prenzlauer Berg)
S8,10, Tram 1,20,21 Prenzlauer Allee

Dicke Wirtin (B3)

Trödelige Traditionspinte zwischen studentisch, touristisch und „jemütlich".

🕐 tägl. 12-4 Uhr, Carmerstr. 9 (Charlottenburg) ☎ 312 49 52
S3,5,7,9, Bus 149 Savignyplatz

Dodge

Kneipen-Bar mit interessantem Angebot von American Food. Besonders die schmackhaften Potatoe Skins sind eine ideale Ergänzung zum abendlichen Bier.

🕐 tägl. ab 8 Uhr, Dunckerstr. 80a (Prenzlauer Berg)
U2 Eberswalder Straße / S 8,10 Prenzlauer Allee

Dralle's (B3)

Fifties-Touch in Rot und Chrom, von angeschicktem, lebhaftem Publikum emsig frequentiert.

🕔 tägl. 14-3 Uhr, Schlüterstr. 69 (Charlottenburg) ☎313 50 38
S3,5,7,9, Bus 149 Savignyplatz

Elefant (H2)

Der „Ele" hat zwar schon wildere Zeiten gesehen, ist aber nach wie vor der hartgesottenen Kreuzberger traditionelles Trinker-Refugium. Fester Bestandteil des Heinrichplatz-Kults!

🕔 tägl. 15-3 Uhr, Oranienstr. 12 (Kreuzberg) ☎612 30 13
U1,15 Görlitzer Bahnhof, Kottbusser Tor

Ex (F/G1)

Die Polit- und Info-Kneipe der linksautonomen Szene im Mehringhof. Pack' die Lederjacke ein!

🕔 Mo-Do 11-1, Fr und So ab 20 Uhr
Gneisenaustr. 2a (Kreuzberg) ☎693 58 00
U6,7 Mehringdamm

Café M

Berlin spontan

Feinbäckerei

Sie denken, es nimmt kein Ende: In der ehemaligen Bäckerei reiht sich Raum an Raum, doch Essen und Wein schmecken in jedem gleich gut.

🕐 Mo-Sa 11-2, So ab 12 Uhr
Vorbergstr. 2 (Schöneberg)
☎ 784 51 58
U7 Kleistpark

Heidelberger Krug

Alt-68er und Alt-61er diskutieren, politisieren – und delektieren sich am Bier.

🕐 Mo-Fr 18-4, Sa-So ab 10 Uhr
Arndtstr. 15 (Kreuzberg) ☎ 693 78 34
U6,7 Gneisenaustraße, Mehringdamm

Heidereiter

Kneipe für Jedermann und jede Gelegenheit mit beliebtem Ahornvorgarten – hier in lauer Sommernacht ein Bier zischen!

🕐 tägl. 10-2 Uhr, Hasenheide 58 (Kreuzberg) ☎ 691 30 82
U7 Südstern

Himmelreich (G5)

In phantasievollem Nippes-Design kann man die ruhige, kunstgetränkte Atmosphäre genießen.

🕐 tägl. ab 18 Uhr, Auguststr. 34 (Mitte)
S1,2 Oranienburger Straße

Jonas

Die nette, unspektakuläre „Kneipe um die Ecke".

🕐 tägl. 9.30-1 Uhr, Naumannstr. 1 (Schöneberg) ☎ 784 46 03
U7, Bus 104 Kleistpark

Kloster

Blasphemieträchtiges Trietrinken und andächtiges Kaffeeschlürfen unter den Augen der Heiligkeit.

🕐 tägl. 10-4 Uhr, Skalitzer Str. 75 (Kreuzberg) ☎ 618 64 62
U1,15 Schlesisches Tor

Berlin spontan

Kommandantur

Abquatschen, Abhängen, Abschleppen... Auch für Voyeure bestens geeignet.

🕐 tägl. 14-4 Uhr, Knaackstr. 20 (Prenzlauer Berg)
U2 Senefelderplatz

Konsulat

Freitags nach dem lärmigen Geschiebe und Gedränge durch's Marktgeschehen am Maybachufer von der Reizüberflutung erholen.

🕐 Mo, Mi, Do, Sa 19-3, Fr ab 12, So ab 10 Uhr
Maybachufer 8 (Neukölln) ☎693 47 77
U1,8,15 Schönleinstraße, Kottbusser Tor

Krähe

Die bunte Publikumsmischung, die am langen Tresen trinkt und schwatzt, macht den Reiz aus. Hier ist wirklich für jeden Platz!

Orlando

🕐 tägl. 9-2 Uhr, Kollwitzstr. 84 (Prenzlauer Berg)
U2 Eberswalder Straße, Senefelderplatz

La Batea

Abkömmlinge und Freunde Lateinamerikas genießen die lebhafte Stimmung, den politischen Diskurs und die Schärfe der Speisen.

🕐 tägl. 12-3 Uhr, Krumme Str. 42 (Charlottenburg) ☎ 313 63 46
U7 Wilmersdorfer Straße

Lampion

Alternativ angehauchte Handtuchkneipe für das Bedürfnis nach Körperwärme und Familienanschluß.

🕐 tägl. 16-3 Uhr,
Knaackstr. 2a (Prenzlauer Berg)
U2 Eberswalder Straße, Senefelderplatz

Leuchtturm

68er-Studenten-Reminiszenz mit Museumswert. Ein freundliches Plätzchen für Nostalgiker.

🕐 tägl. ab 19 Uhr, Crellestr. 41 (Schöneberg) ☎ 781 85 19
U7 Kleistpark

Leydicke (E1)

Ein konservierter Berlin-Mythos mit Patina: Die Kneipe mit eigener Likör- und Fruchtweinproduktion hat schon den Kaiser überlebt. Publikumsmäßig ist zwischen Kiezoriginal und Touri-Gruppe so ziemlich alles zu finden. Und nach unvorsichtigem Konsum der gehaltvollen Hauskreationen gilt für den Heimweg: Wer noch gehen kann, stütze die anderen.

🕐 tägl. 16-1 Uhr, Mansteinstr. 4 (Schöneberg) ☎ 216 29 73
S1 Großgörschenstraße

Locus

Die Kneipe „einfach so". Die Einrichtung des großen, freundlichen Raumes beschränkt sich auf das Wesentliche. Bei gutem Wetter wird der kleine Vorplatz zum Sonnenbaden genutzt.

🕐 tägl. 10-3 Uhr, Marheinekeplatz 4 (Kreuzberg) ☎ 691 56 37
U6,7 Gneisenaustraße, Mehringdamm

Madonna

Das Kreuzberger Yuppie-ferne Szene-Abendvergnügen in Sachen unkomplizierte Trinkfreude und zwischenmenschliche Kontakte.

🕐 tägl. 11-4 Uhr, Wiener Str. 22 (Kreuzberg) ☎611 69 43
U1,15 Görlitzer Bahnhof

Malheur (F/G1)

Warm getönte Cafékneipenbar zwischen edel und gemütlich, zwischen Sitzen und Stehen, zwischen Glotzen und Schwatzen.

🕐 Mo-Fr 16-4, Sa-So ab 11 Uhr
Gneisenaustr. 17 (Kreuzberg) ☎692 86 28
U6,7 Gneisenaustraße, Mehringdamm

Markthalle

Betont einfache Bierhalle und dennoch Trendsetter, auch „Weltrestaurant" genannt. Vom Exil-Bayern-Stammtisch bis zum autonomen Kampfzirkel spricht recht gemischtes Publikum dem Gerstensaft zu. Im Keller sorgt der Mingus-Club bei jazzigem Sound und lebhafter Stimmung für Genuß ohne Reue.

🕐 tägl. ab 8 Uhr
Markthalle Eisenbahnstraße, Pücklerstr. 34 (Kreuzberg)
U1,15 Schlesisches Tor, Görlitzer Bahnhof

Meilenstein (F5)

Schlicht und nett im neuen, warmen Stil. Bestens geeignet auch für den späten Hunger, denn kleine Speisen gibt's, bis die Kneipe dicht macht.

🕐 tägl. 9-5 Uhr, Oranienburger Str. 7 (Mitte) ☎282 89 95
S 3,5,7,9 Hackescher Markt

Mini-Café

Klein, aber oho! Man kommt hinein und kommt sich näher. Die Staffage tut ihr Übriges.

🕐 tägl. ab 19 Uhr, Spreewaldplatz 14 (Kreuzberg) ☎611 55 82
U1,15 Görlitzer Bahnhof

Mistral (F/G1)

Die Stufen hinunter und ab in die heimelige Kellerdüsternis!

🕐 Mo-Fr 12-3, Sa-So ab 16 Uhr
Gneisenaustr. 90 (Kreuzberg) ☎693 06 66
U7 Gneisenaustraße

Obst & Gemüse (F5)

Schlechthin-Szene-Treff
geschönter Becks-Trinker.
Mußte man zeitweilig den
Stuhl selbst mitbringen,
findet man inzwischen
wieder Sitzplätze. Selfser-
vice hier wie auch im Im-
biß nebenan, mit dem
enge Kooperation gepflegt
wird.

🕐 tägl. ab 12 Uhr,
Oranienburger Str. 49 (Mitte)
U6 Oranienburger Tor

Paradox

Multikulti-Nachbarschaft.

🕐 tägl. ab 16 Uhr,
Reichenberger Str. 58
(Kreuzberg) ☎ 612 59 72
U1,8,15 Görlitzer Bahnhof,
Kottbusser Tor

PiPaPo (E1)

Typische Café-Kneipen-
Mixtur der angenehmen
Sorte zum Quatschen,
Musikhören, Billardspie-

len, Flippern und für die Mahlzeit nebenbei.

🕐 tägl. 9-3 Uhr, Großgörschenstr. 40 (Schöneberg) ☎ 216 15 43
U7 Kleistpark

Powow (H1)

Szenekneipe mit allem, was das Herz begehrt: Frühstück bis
nachmittags, Tische zum Draußensitzen, Billard, Flipper, eine
Bar zum Absaufen, ruhigere Ecken zum Unterhalten, Mexican
Specials und die leckeren Powow-Burger bis ein Uhr nachts.

🕐 tägl. 12-4, Sa-So ab 11 Uhr
Dieffenbachstr. 11 (Kreuzberg) ☎ 694 56 06
U7,8 Schönleinstraße, Südstern

Propeller

In der „Crow Bar" hängen die echten, brecheisenharten Männer bis zum „Morgen-Grauen" mit Hardcore, Slaughterhouse, Crossover.

🕐 tägl. 18-10 Uhr, Kastanienallee 24 (Prenzlauer Berg)
U2 Eberswalder Straße

Resonanz

Nette, freundliche, zeitlose Kneipe in die Jahre gekommener Grün-Alternativer. Hier findet man noch Vollbärte in natürlichem Wuchs.

🕐 tägl. 17-3 Uhr, Eberstr. 66 (Schöneberg) ☎ 781 46 34
S1,45 Schöneberg

Rote Harfe (H2)

Jedermanns Bierkneipe am „Heini": Zwischen „Kapital"-Interpret und Goldkettchen-Gorilla ist alles anzutreffen.

🕐 tägl. 20-3 Uhr, Oranienstr. 13 (Kreuzberg)
☎ 618 44 46
U1,8,15 Görlitzer Bahnhof, Kottbusser Tor

Rotkäppchen

Nette Sitz- und Quatschkneipe mit Garten und alternativ-rustikalem 70ties-Touch. Die Nachbarn sind auch alle da.

🕐 tägl. ab 15, So ab 9 Uhr, Maybachufer 21 (Neukölln) ☎ 624 15 74
U8 Schönleinstraße

Schlawinchen

Suff ohne Gnade, denn hier „wird getrunken, wat uff'n Tisch kommt". Hallelula lall!

🕐 tägl. 10-6 Uhr, Schönleinstr. 34 (Kreuzberg) ☎ 693 20 15
U8 Schönleinstraße

Schlot

Rauchig, jazzig, „Kunstfabrik". Bühne und Jazzclub im zweiten Hinterhof haben immer was zu bieten.

🕐 tägl. 20-4 Uhr, Kastanienallee 29 (Prenzlauer Berg) ☎ 208 20 67
U2 Eberswalder Straße

Slumberland (D1)

Einer der ältesten Szene-
treffs in Schöneberg, mit
Sandboden, internatio-
naler Musikauswahl,
Thekenmannschaft
und Publikum.
Samstags die prop-
penvolle Institu-
tion nach dem
Marktbesuch auf dem
Winterfeldplatz.

🕐 tägl. ab 21.30, Sa ab 11 Uhr
Goltzstr. 24 (Schöneberg) ☎216 53 49
U1,2,15 Nollendorfplatz

Steppenwulf

Für Biker und andere Freunde rockiger Klänge.

🕐 tägl. ab 15 Uhr, Hasenheide 18 (Kreuzberg) ☎692 28 89
U8 Hermannplatz

Straßenbahn

Der Tresen ist namensgebend. Bunt gemischte, stets gut be-
suchte Kiezkneipe mit Garten und gesundheitsfreundlichem
Nichtraucher-Separee.

🕐 tägl. 17-2, So ab 10 Uhr
Laubacher Str. 29 (Wilmersdorf) ☎821 76 29
Bus 101, 348

Syndikat

Autonomen-Filiale der „Randkreuzberger": Neuköllner Kiez-
Linke beim politischen Diskurs.

🕐 tägl. ab 20 Uhr, Weisestr. 66 (Neukölln) ☎621 67 74
U8 Boddinstraße

Die Tagung

Nette, schummrige Kiezkneipe und Kuriositätenkabinett der besonderen Art: bis unter die Decke vollgestopft mit DDR-Reliquien wie ORWO-Leuchtschildern, Lenin-Büste, Werbeplakaten, Fahnen und Wimpeln. Auch Du hältst die Küche sauber, Genosse!

🕐 tägl. ab 19 Uhr, Wühlischstr. 29 (Friedrichshain)
S3,5,6,7,9 Tram 23 Warschauer Straße

Tango-Café (G1)

Für Liebhaber argentinischer Spezialitäten und melancholischer Stimmungen bei Tango-Weisen.

🕐 tägl. ab 18 Uhr
Baerwaldstr. 52 (Kreuzberg) ☎ 693 56 20
U7 Gneisenaustraße

Titanic

Zwischen Szene- und Rumpelkneipenflair ist hier Raum für Auf- und Untergänge diversester Art.

🕐 tägl. 10-2 Uhr, Winsstr. 30 (Prenzlauer Berg) ☎ 442 03 40
Tram 1-4

Übereck

Großraumcafé und -kneipe, wo auch die WG von um die Ecke hingeht.

🕐 tägl. 9-5 Uhr, Prenzlauer Allee 47 (Prenzlauer Berg) ☎ 442 80 77
Tram 1

VEB Ostzone (G5)

Hier gibt's ihn noch, den Trabbi – allerdings als Sofa. Bunte Mixtur an Leuten und Einrichtungsgegenständen läßt einen bedenkenlos „einfach hereinschneien".

🕐 tägl. ab 9 Uhr, Auguststr. 92/ Oranienburger Str. (Mitte)
U6 Oranienburger Tor

Wiener Blut

... gibt's hier als tödliche Cocktail-Mischung in freundlicher Verspieltheit zwischen BVG-Bänken und farbintensiven Wänden. Möchtegerns jeder Sorte belagern die Theke und im Sommer die Bierbänke draußen.

⏲ tägl. 21-4 Uhr, Wiener Str. 13
(Kreuzberg) ☎ 618 90 23
U1,15 Görlitzer Bahnhof

Yorckschlößchen (F1)

Das „Neuschwanstein für Arme" mit naturbelassenem Oldie-Charme, resistent gegen flüchtige Zeitgeistmarotten. In gut eingelebtem Ambiente, beim sonntäglichen Jazzbrunch und im lauschigen Sommergarten läßt sich's wohl sein.

⏲ tägl. ab 9 Uhr, Yorckstr. 15
(Kreuzberg) ☎ 215 80 70
U6,7 Mehringdamm

Zosch (G5)

Freundliche, lebendige, vollgequalmte Kneipe mit preiswerten und schmackhaften Speisen. Im Keller wird theatert und gejazzt.

⏲ tägl. ab 10 Uhr, Tucholskystr. 30 (Mitte)   ☎ 280 76 64
S1,2 Oranienburger Straße

Zwiebelfisch (B2)

Gemeinsam suchen Künstler, Stammgäste und Neugierige beim Künstler-und-Stammgäste-Glotzen Inspiration und Trost bei alkoholischen Geistern. Eine Vierteljahrhundert-Institution bis in die frühen Morgenstunden.

⏲ tägl. 12-6 Uhr, Savignyplatz 7 (Charlottenburg) ☎ 312 73 63
S 3,5,7,9 Savignyplatz

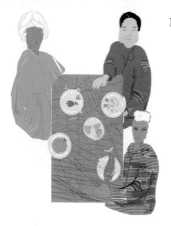

Dem preußisch-puritanischen Berlin eilt nicht unbedingt der Ruf einer kulinarischen Metropole voraus. Dennoch gibt es zahlreiche Möglichkeiten, sich lecker zu verköstigen – nicht nur mit Eisbein. Die in Berlin lebenden Köche aller Herren Länder und engagierte „Küche von unten" bereichern den Speisezettel. Ob billige Buletten oder teure Trüffel, vegetarische Vollwertkost oder Mafiatorte – satt werden Sie allemal.

Deutsche und Berliner Küche

Bundschuh (H1)

Schwäbische Spezialitäten, badische Weine und lockere Atmosphäre. Den Ursprungsschwaben am Nebentisch hat's auch geschmeckt.

🕐 tägl. 18-1.30 Uhr, Fichtestr. 24 (Kreuzberg) ☎ 693 01 01
U7 Südstern

Diener (B2)

Urig und deftig ... Die ehemalige „Boxerkneipe" von Franz Diener, der seinen Titel an Max Schmehling abgeben mußte, besitzt einen traditionsreichen Ruf und noch heute bisweilen gewichtiges Publikum.

🕐 tägl. ab 18 Uhr, Grolmanstr. 47 (Charlottenburg) ☎ 881 53 29
S 3,5,7,9 Savignyplatz

Franzmann (D1)

In dezenten, schönen Räumlichkeiten wird der moderne Edelesser mit neudeutscher, leichter Küche, vegetarischen Gerichten, Wildspezialitäten und ausgefallenen Weinen verpflegt.

🕐 tägl. 17-1 Uhr
Goltzstr. 32/Hohenstaufenstr. (Schöneberg) ☎ 216 35 14
U1,2,15 Nollendorfplatz

Großbeerenkeller (F1-2)

Seit 1862: Alt-Berliner Traditionskneipe mit ebensolcher Küche. Die Bratkartoffeln muß man probieren. Schon Hans Albers soll sich hier die Leber massiert haben.

🕓 Mo-Fr 16-1, Sa 18-1 Uhr
Großbeerenstr. 90 (Kreuzberg) ☎ 251 30 64
7U Möckernbrücke

Heinrich

Der nämliche Zille lebte in diesem Haus, später war's als „Zille-Eck" Bastion der linken Kollektivistenszene. Vor diesem Hintergrund wird gediegene Küche und Vollwertiges serviert.

🕓 tägl. 16-1 Uhr
Sophie-Charlotten-Str. 88 (Charlottenburg) ☎ 321 65 17
U2 Sophie-Charlotten-Straße, Kaiserdamm

Max und Moritz (H2)

Die Namensgeber grinsen aus dem Fenster. Drinnen wird seit Anfang des Jahrhunderts zwischen blauen Kacheln und dunklem Holz deftige Berliner Hausmannskost gereicht.

🕓 tägl. 18-1 Uhr, Oranienstr. 162 (Kreuzberg) ☎ 614 10 45
U8 Moritzplatz

Meineke (B2)

Berliner Spezialitäten von Matjes bis Sülze in abgehangenem Destillenflair. Nicht ganz billig, aber nett.

🕓 tägl. 10-2 Uhr, Meinekestr. 10 (Charlottenburg) ☎ 882 31 58
U9,15 Kurfürstendamm

Offenbach-Stuben

Leckere gutbürgerliche Küche „wie bei Muttern" und Alt-Berliner Aufmachung mit Tradition schon zu DDR-Zeiten.

🕓 Di-Do 18-1, Fr-Sa 18-2 Uhr
Stubbenkammerstr. 8 (Prenzlauer Berg) ☎ 445 85 02
S8,10 Prenzlauer Allee

Zur Rippe (H4)

Die Geschichte des Namens sollten Sie sich bei einem Eisbein vor Ort erzählen lassen.

🕓 tägl. 11-24 Uhr, Poststr. 17 (Mitte) ☎ 2431 3235
U2 Klosterstraße

Internationale Köstlichkeiten und Spezialitätenküche

Abendmahl

Vegetarische Küche, Fischgerichte, biologische Weine und jede Menge witziger Kirchenkitsch in einem der angesagtesten Restaurants (Reservierung!). Wie wär's mit „Skandal in Bethlehem" oder „Flammendes Inferno"?

🕐 tägl. 18-1 Uhr, Muskauer Str. 9 (Kreuzberg) ☎ 612 51 70
U1,15 Görlitzer Bahnhof

Amun (F1-2)

Einer der „wahren" Ägypter. Nettes, schlichtes Lokal am Fuße des Kreuzbergs mit guter Küche vom Nil, unverkrampfter Atmosphäre und freitags Bauchtanz.

🕐 tägl. 17-24 Uhr, Möckernstr. 73a (Kreuzberg) ☎ 786 49 63
U6,7, Bus 119, 140 Mehringdamm

Arche Noah (B1-3)

Orthodox koscheres Restaurant an der jüdischen Gemeinde. Den an der jüdischen Küche Interessierten sei der Dienstag besonders ans Herz gelegt, an dem für 25 Mark ein großes Spezialitätenbuffet aufgefahren wird.

🕐 tägl. 12-14.30, 17.30-24 Uhr
Fasanenstr. 79 (Charlottenburg) ☎ 882 61 38
U9,15 Uhlandstraße, Kurfürstendamm

Aroma

Derzeit besonders gefragter „italienischer" Italiener – mit allen damit verbundenen Vor- und Nachteilen – und kulturell-kulinarisches Konsulat. Besondere Erwähnung verdient das liebevoll zubereitete Sonntagsfrühstücksbuffet (Reservierung!) mit allen Köstlichkeiten, die man bei der „Fischernetz-Pizzeria" um die Ecke eben nicht kriegt.

🕐 tägl. ab 16 Uhr, warme Küche 18-24 Uhr
Hochkirchstr. 8 (Schöneberg) ☎ 782 58 21
S1,2, U7 Yorckstraße

Austria

Der Name hält, was er verspricht: Zu österreichischen Bieren und Weinen werden leckere Alpenland-Speisen von Vogerlsalat bis Kaiserschmarrn umsichtig und freundlich serviert. Trotz neu-nobler Ausstattung durchaus bezahlbar.

🕐 Di-So 18-1 Uhr, Bergmannstr. 30 (Kreuzberg) ☎ 694 44 40
U7 Gneisenaustraße

Bamberger Reiter / Bistro Bamberger Reiter (C1)

Eine der Spitzenküchen: fein komponiert, sorgfältig zubereitet, hochgelobt, edel ausgestattet für Luxustafler und Besitzer dicker Brieftaschen. Dem anspruchsvollen Gourmet, dem die Hunderter nicht ganz so locker sitzen, sei als halb so teure Alternative das angeschlossene, ebenfalls ausgezeichnete Bistro empfohlen. Für ungeschmälerten Genuß sollte man in jedem Fall reservieren und genügend Zeit mitbringen.

🕐 Di-Sa 18-1 Uhr
Regensburger Str. 7 (Schöneberg) ☎ 218 42 82/213 67 33
U4 Viktoria-Luise-Platz, U1,U9 Spichernstraße

Bombay Palast (E1)

Indisches Restaurant mit dezenter Ausstattung, freundlichem Service und annehmbaren Preisen. Die reichhaltigen Vorspeisen ersetzen bei mäßigem Hunger das Hauptgericht.

🕐 Mo-Do 17-24, Fr-So 12-1 Uhr
Yorckstr. 60 (Kreuzberg) ☎ 785 91 67
S1,2, U7 Yorckstraße

Borriquito (A2)

Lebendige Umgebung und vielseitige spanische Küche auch für den späten Hunger, manchmal mit Livemusik.

🕐 tägl. 19-5 Uhr, Wielandstr. 6 (Charlottenburg) ☎ 312 99 29
S 3,5,7,9 Savignyplatz

Gorgonzola Club (H2)

Insider-Italiener der neuen Kargheit. Statt überladener Ausschmückung gibt's vielfältige Soßen zum Selbstkombinieren.

🕐 tägl. 18-24 Uhr, Dresdener Str. 121 (Kreuzberg)
U1,8,15 Kottbusser Tor

Istanbul (B2)

Ein Märchen aus 1001 Nacht: das angeblich erste türkische Speiserestaurant in Berlin lockt mit orientalischer Ausstattung, noblen Preisen und wochenends Bauchtanz.

🕐 tägl. 12-24 Uhr, Knesebeckstr. 77 (Charlottenburg) ☎ 883 27 77
S 3,5,7,9 Savignyplatz

JPM

Café am Wasserturmplatz

Jimmy's Diner (B2-1)

American Food von Nord bis Süd, von Steak mit Salat bis Enchilada mit mexikanischem Bier. Interieur mit Fifties-Touch.

🕐 So-Do 12-3, Fr-Sa 12-5 Uhr
Pariser Str. 41 (Wilmersdorf) ☎ 882 31 41
U1,9 Spichernstraße, Hohenzollernplatz

Jolesch

Ösi-Küche für die Szene, derzeit sehr beliebt und voll (abends Reservierung!). Wunderbare Nußpalatschinken!

🕐 tägl. 10-1 Uhr
Muskauer Str. 1/Zeughofstr. (Kreuzberg) ☎ 612 35 81
U1,15 Görlitzer Bahnhof, Schlesisches Tor

Katschkol

Alle Köstlichkeiten der afghanischen Küche, die nach Landessitte auch am Lümmel- und Liegetisch mit dicken Kissen verspeist werden können.

🕐 tägl. 17-1 Uhr, Pestalozzistr. 84 (Wilmersdorf) ☎ 312 34 72
U7 Wilmersdorfer Straße

Kellerrestaurant im Brecht-Haus (F5)

Deutsche und Wiener Küche, angeblich nach Rezepten, mit denen schon Helene Weigel ihren Bertl bekocht haben soll.

🕐 Mi-So ab 19 Uhr, Chausseestr. 125 (Mitte) ☎ 282 38 43
U6 Oranienburger Tor, Zinnowitzer Straße

Kopenhagen (B2)

Smörrebröd, Smörrebröd, römtömtömtöm!

🕐 tägl. 11.30-24 Uhr
Kurfürstendamm 203/5 (Charlottenburg) ☎ 881 62 19
U15 Uhlandstraße

Lucky's Pizzeria (E1)

Unkomplizierte, kleine Pizzeria mit freundlichen Preisen, teils studentischem Publikum und unverkrampfter Atmosphäre.

🕐 tägl. 18-1 Uhr, Willmanndamm 15 (Schöneberg) ☎ 781 12 93
U7 Kleistpark

Mafalda (F1-G1)

Kleines, lauschiges, unprätentiöses Lateinamerika-Restaurant. Eine Institution der Kreuzberger Fernwehkranken!

🕐 tägl. 18-1 Uhr, Gneisenaustr. 8 (Kreuzberg) ☎ 694 22 55
U6,7 Gneisenaustraße, Mehringdamm

Merhaba

In hell-sachlicher Atmosphäre ohne den üblichen Orient-Kitsch genießt die gehobene Kreuzberger Szene die Vielfalt türkischer Spezialitäten und Weine in mittlerer Preisklasse.

🕐 Mo-Do 16-24 Uhr, Fr/Sa 16-1 Uhr, So ab 12 Uhr
Hasenheide 39 (Kreuzberg) ☎ 692 17 13
U7 Südstern

Ming's Garden (C2)

Chinese der Spitzenklasse mit hervorragender Küche und Rundum-Verwöhnservice.

🕐 tägl. 12-24 Uhr, Tauentzienstr. 16 (Schöneberg) ☎ 211 87 28
U1,2,15 Wittenbergplatz

Noodle-Company (E1)

Pasta international: Von schwäbischen Maultaschen über indonesischen Nudeltopf bis zum Spaghetti-Klassiker.

🕐 tägl. 17-24, So ab 12 Uhr
Yorckstr. 83 (Kreuzberg) ☎ 785 27 36
U6,7 Mehringdamm

Oren (F5-G5)

Lebendiges Restaurant mit orientalisch-jüdisch-vegetarischer Küche. Leider driftet die Speisekarte immer stärker in Richtung Arabien ab.

🕐 tägl. 10-1 Uhr
Oranienburger Str. 28 (Mitte) ☎ 282 82 28
S1,2 Oranienburger Straße, U6 Oranienburger Tor

Osteria No.1

Einst italienisches Politkollektiv, heute immer noch der In-Italiener zum Sehen und Gesehenwerden. Nach dem Sonnenbad am Kreuzberg treffen sich die Freunde des Dolce-Vita-Lifestyle.

🕐 tägl. 12-24, Fr-Sa bis 0.30 Uhr
Kreuzbergstr. 71 (Kreuzberg) ☎ 786 91 62
U6,7 Mehringdamm

Pasternak

Spezialitäten Mütterchen Rußlands in einer etwas edleren Eckkneipe im Neu-Prenzlberger-Stil, beliebt und belebt, wie alles in der Gegend. Zum Tageseinstieg sei den Hartgesottenen das Frühstück „Pasternak" mit einer echten Papirossa empfohlen.

🕐 tägl. ab 12 Uhr, Knaackstr. 22-24 (Prenzlauer Berg) ☎ 441 33 99
U2 Senefelderplatz

Restauration 1900

Zeitgeistige Gemütlichkeit in der schon zu DDR-Zeiten puppenstubenmäßig renovierten Vorzeigestraße. Speiserestaurant und Bar mit leicht angeschicktem Publikum.

🕐 tägl. 16-1 Uhr, Husemannstr. 1 (Prenzlauer Berg) ☎ 442 24 94
U2 Senefelderplatz

Storch

Nette Küche mit elsässischen Gerichten und dem passenden Schnaps hinterher.

🕐 tägl. 18-1 Uhr, Wartburgstr. 54 (Schöneberg) ☎ 784 20 59
U7 Eisenacher Straße

Taba

Alles in einem: Café mit Frühstück, Küche mit Lateinamerika-Einschlag und Bar, bisweilen mit Livemusik in einer wunderschönen Ecke Prenzlbergs.

🕐 tägl. ab 10 Uhr, Kastanienallee 18 (Prenzlauer Berg) ☎ 448 14 83
U2 Eberswalder Straße

Terzo Mondo (B2)

Hier besticht der „Lindenstraßenwirt", die entsprechenden Gäste und lebendige Atmosphäre noch mehr als die griechische Küche.

🕐 tägl. 18-4 Uhr, Grolmanstr. 28 (Charlottenburg) ☎ 881 52 61
S 3,5,7,9 Savignyplatz

Thürnagel (F1-G1)

Kleines, gut eingeführtes Kreuzberger Restaurant für Vegetarier und Vollwertfreunde. Unaufdringliches Interieur und Publikum. Reservierung!

🕐 tägl. 18-24 Uhr, Gneisenaustr. 57 (Kreuzberg) ☎ 691 48 00
U7 Südstern

Tres Kilos

Derzeitiger „In-Mexikaner" der Zeitgeist- und Lifestyle-Klasse. Der Koch kreiert mit Hingabe.

🕐 tägl. 18-1 Uhr, Marheinekeplatz 3 (Kreuzberg) ☎ 693 60 44
U7 Gneisenaustraße

Tuk Tuk (E1)

Neben leckerer indonesisch-vegetarischer Küche ruft die märchenhaft-verspielte Einrichtung alle Träume vom Inselarchipel wach. Reservierung empfehlenswert.

🕐 tägl. 17.30-24 Uhr
Großgörschenstr. 12 (Schöneberg) ☎ 781 15 88
U7 Kleistpark

SMA

Zur letzten Instanz

Wirtshaus zur Henne (H2-3)

Traditionsreiche, urig-gemütliche, oft brechend volle Gaststätte und Nachbarschaftskneipe, in der feucht-fröhlich gelaunt die Biere vertilgt und knusprige Gockelhälften verzehrt werden – angeblich die besten der Stadt.

🕐 Mi-So ab 19 Uhr, Leuschnerdamm 25 (Kreuzberg) ☎ 614 77 30
U1,8 Moritzplatz, Kottbusser Tor

Zur kleinen Markthalle (H2-3)

Auch hier gibt's krosse Hähnchen und Haxen, die am besten sommers im kleinen, lauschigen Biergärtlein schmecken.

🕐 Di-Sa ab 18 Uhr, Legiendamm 32 (Kreuzberg) ☎ 614 23 56
U1,8 Moritzplatz, Kottbusser Tor

Dem weitgefächerten musikalischen Spektrum der Stadt entspricht eine ebenso breite Palette von Veranstaltungsorten. Der Underground- und Independent-geprägte Berlin-Mythos der Achtziger hat an Definitionskraft verloren und Platz gemacht für die real existierende Vielfalt zwischen Jazz und Rave, zwischen Weltmusik und lokalen Newcomern, zwischen Ost- und West-Einflüssen, zwischen Großspektakel und Kleinstbühne. Überhaupt verlieren in der Mix- und Crossover-Ära musikalische Kategorisierungen ihre – oft einengende – Bedeutung. So sind die nachfolgend versuchten Zuordnungen bevorzugt präsentierter Stilrichtungen eher für einen ersten, mit Vorsicht zu genießenden Überblick dienlich. Das tägliche Musikangebot zwischen Spontansession und Mammutkonzert ist riesig, besonders am Wochenende. Wenn Sie am Abend musikalisch angeregt oder unterhalten, umspült oder bedröhnt werden möchten, sind aktuelle Informationen unerläßlich. Hier hilft ein Blick ins Tagesprogramm der Berliner Stadtzeitschriften wie „Zitty" oder „Tip", die die stattfindenden Live-Acts mit Orten und Zeiten umfassend auflisten.

SMI

Straßenmusikant

A Trane

All that's Jazz! Viel Modern, Bebop, Avantgarde und Lokales – erfreulicherweise oft bei freiem Eintritt.

Pestalozzistr. 105
(Charlottenburg)
☎ 313 25 50
U7 Wilmersdorfer Str.

Acud

Rock, Blues, Funk, Soul und Indies in
Café und Keller. Offene Jazzsessi-
ons bei freiem Eintritt am
Mittwoch.   Ansonsten
kann das Tanzbein ge-
schwungen   werden.
Dread Your Head!

Veteranenstr. 21 (Mitte)
☎ 281 08 90
U8 Rosenthaler Platz

Alabama

Zwischen Cowboystiefel und Stetson: Hier gibt's jede Menge
Country und Western.

Genter Str. 65 (Wedding)
☎ 453 69 52
U6 Seestraße

Alte TU-Mensa (B3)

Großkonzerthalle mit den herrlichsten Riesenfeten zwischen
Rock und Reggae.

Hardenbergstr. 34 (Charlottenburg) ☎ 311 22 33
U2,9 Ernst-Reuter-Platz, Zoo

Arcanoa (G1)

Punk, Rock, Grunge in gruftiger Selfmade-Atmosphäre. Schon
die Einrichtung zwischen Hängeschaukeln und Schweißer-Ses-
seln ist sehenswert. Wo das Bächlein über den Grabstein-Tresen rinnt, haben junge Bands eine Auftrittsmöglichkeit in lufti-
ger Höhe – und die Zuschauer ein billiges Vergnügen verbunden
mit Genickstarre.

Zossener Str. 48 (Kreuzberg) ☎ 691 25 64
U7 Gneisenaustraße

Badenscher Hof

Jazz, Blues, Soul – und ansonsten eine traditionell nette Kneipe.

Badensche Str. 29 (Wilmersdorf) ☎ 861 00 80
U7,9 Berliner Straße

Blues Café (E2)

Ein bißchen rumpelig-feuchter Kellerflair mit Liedermachern, Jazz und Blues, Blues, Blues der gestandenen Art.

Körnerstr. 11 (Tiergarten) ☎ 261 36 98
U1,15 Kurfürstenstraße

Café Swing (D2)

Rock, Punk, Underground und Diverses past midnight: Neben den „ganz normalen" Konzerten, die auch schon früher am Abend stattfinden, erfreuen sich sich die späten Einlagen gegen ein Uhr und bei freiem Eintritt besonderer Beliebtheit. Angenehme Nachtkneipen-Atmosphäre.

Nollendorfplatz 3 (Schöneberg) ☎ 216 61 37
U1,2,15 Nollendorfplatz

Casa

Nicht nur soziokulturelles Kiezzentrum, sondern auch musikalischer Veranstaltungsort: jazzig, bluesig, folkig.

Greifswalder Str. 204 (Prenzlauer Berg) ☎ 442 96 79
Tram 2-4

Deutschlandhalle

Die Kragenweite der Mega-Stars.

Messedamm 26 (Charlottenburg) ☎ 3038-1
S3,7,9,46, 75 Westkreuz, U2, Bus 219 Kaiserdamm

Die Halle

Interessante Konzerte und Life-Performances in Sachen Hip Hop, House, Techno. Hier wird „Die Macht der Nacht" zelebriert.

An der Industriebahn 12-16 (Weißensee) ☎ 467 42 91
Tram 10, 24, Bus 155, 156, 158

Die Insel

Einer der ältesten, verdienstvollen Jugendclubs noch aus Ost-Zeiten, besonders beliebt wegen der schönen Insel-Open-Airs. Wochenends Discothek zwischen Pop und Hip Hop.

Alt-Treptow 6 (Treptow) ☎ 272 55 23
S6,8,910 Plänterwald

Dunckerclub

Donnerstags löbliche Eintritt-Frei-Konzerte: Hard-Beat, Rock, Blues, Independents und anschließend jede Menge bewährter

Mucke zum Abrocken zwischen 60ties und Nirwana.

Dunckerstr. 64 (Prenzlauer Berg) ☎ 445 95 09
S8,10, U2 Schönhauser Allee, S8,10 Prenzlauer Allee

Eierschale

Derer gibt's drei in der Stadt. Programmatisch herrscht hier eine bunte Mixtur zwischen Jazz, Blues, Country, Pop und was es sonst noch so gibt. In Ausgabe Nummer zwei besonders für den fußlahmen Kudammbummler geeignet.

Eierschale 1: Podbielskiallee 50 (Dahlem) ☎ 832 70 97
U1 Podbielskiallee
Eierschale 2 (C2): Rankestr. 1 (Charlottenburg) ☎ 882 53 05
S3,5,7,9, U2,9 Zoo, Kurfürstendamm
Eierschale Zenner: Alt-Treptow 14-17 (Treptow) ☎ 272 72 11
S 6,8,9,10 Plänterwald

El Barrio (E1-3)

Lateinamerikanische Musik. Salsa, bis das Gebein zittert – bisweilen auch zum Üben.

Potsdamer Str. 84 (Tiergarten) ☎ 262 18 53
U1 Kurfürstenstraße

El Tucan (A1)

Latin Music Club für Nachtschwärmer.

Kurfürstendamm 143 (Charlottenburg) ☎ 891 97 01
U7 Adenauer Platz

Ex (F1-G1)

Tradition verpflichtet: Hier feiert die Hardcore- und Punkrock-Szene feucht-fröhliche Urstände. Lokal bis international wird immer wieder bewiesen: Punx not dead!

Gneisenaustr. 2a (Kreuzberg) ☎ 693 58 00
U6,7 Mehringdamm

Flöz (B1)

Schwerpunkt: Berliner Jazzszene und mehr... Mit der „Missing Link"-Musiker(innen)börse gibt's hier eine wichtige Plattform für die lokale Kontaktaufnahme. Hat man die lang vermißte Saxophonistin oder den Ersatz für den ausgeschiedenen Drummer dann gefunden, kann man anschließend ordentlich Probejammen.

Nassauische Str. 37 (Wilmersdorf) ☎ 861 10 00
U7,9 Berliner Straße

Berlin spontan

Franz-Club

Kneipe, Konzerthaus, Discothek, Gartencafé und Plattenladen – einer für alles – und für 365 Konzerte im Jahr. Im vielfältigen Veranstaltungskalender zwischen Jazz, Blues, Rock, Underground gibt's neben immer hochkarätiger besetzten Terminen (mit besonderem Verdienst auch um die osteuropäische Szene) jede Menge Platz für die beliebten Sessions bei freiem Eintritt. Und hinterher wird das Tanzbein geschwungen.

Schönhauser Allee 36-39 (Prenzlauer Berg) ☎ 442 82 03
U2 Eberswalder Straße, Senefelderplatz

Haus der Kulturen der Welt (D4-E4)

Der Name verrät schon die Ambition: Kulturen aller Länder, vereinigt Euch... Mit den Schwerpunkten Jazz, Folk, World Music wird hier ein vielfältiges und häufig durchaus ausgefallenes Programm geboten – nicht nur im musikalischen Bereich.

John-Forster-Dulles-Allee 10 (Tiergarten) ☎ 397 87-0/-175
S3,5,7,9, Bus 100, 248 Bellevue, S3,5,7,9 Lehrter Stadtbahnhof

Highlander (E1)

Erst wenn das Guiness durch ausgedörrte Kehlen rinnt, die Schlauchkneipe ordentlich vollgestapelt und die Luft dick ist, macht Irish Folk so richtig Spaß.

Yorckstr. 75 (Kreuzberg)
☎ 785 87 45
U6,7, Bus 119
Mehringdamm

House of Music

Das harte Pflaster der Heavy-Metal-Freaks.

Langhansstr. 23
(Weißensee) ☎ 965 22 34
Tram 3, 20, 70,
Bus 156, 158

Huxley's Neue Welt/ Huxley's Junior

Bekanntere Gruppen in Sachen Rock, Pop, Hip

Straßenmusikant

Hop, Heavy Metal, Independents gastieren hier.

Hasenheide 108-114 (Kreuzberg) ☎ 621 10 28/ 786 60 86
U7,8 Hermannplatz

Im Eimer (G5)

Buntes Allerlei auch ausgefallener Natur zwischen Punk, Underground und Experimentellem im besetzten Haus. Auch die Bar und das Mini-Kino mit ungewöhnlichen Sitzgelegenheiten sind durchaus sehenswert.

Rosenthaler Str. 68 (Mitte) ☎ 282 20 74
S3,5,7,9 Hackescher Markt U8 Rosenthaler Platz, Weinmeisterstraße

Junction Bar (F1-G1)

„The New Bar in Town", deren Bühne von internationalen Gästen und internationalen Berlin-Immigranten in wechselnden Besetzungen bespielt wird. Trotz schwer jazzlastigem Programm ist die „Junction" nach eigenen Aussagen auch für anderes zu haben.

Gneisenaustr. 18 (Kreuzberg) ☎ 694 66 02
U7 Gneisenaustraße

K.d.W. (G/H5)

Punk, Noise, Underground vor schlichtem Fundstückmobiliar. Keine Angst vor den wilden Wandmalereien in Schwarz und Rot!

Neue Schönhauser Str. 9 (Mitte) ☎ 282 92 98
S3,5,7,9 Hackescher Markt, U8 Weinmeisterstraße

Knaack

Kneipe, Konzert, Disco, Billard... hier findet jeder etwas. Konzertant sind Rock, Hardcore, Indies aus In- und Ausland geboten, viele ostdeutsche Bands.

Greifswalder Str. 224 (Prenzlauer Berg) ☎ 442 70 60/ 61
Tram 24, 28, 58

K.O.B. (E2)

Punk, Rock, Hardcore, Underground in Besetzerkneipenflair. Bei zivilen Preisen und Becks in Strömen kann hier die Post abgehen.

Potsdamer Str. 157 (Schöneberg) ☎ 215 76 03
U1,2,15 Bülowstraße, Kurfürstenstraße

KulturBrauerei

Zwischen Kantine und Kesselhaus gibt es interessante Konzerte vielfältigster Art.

Knaackstr. 97 (Prenzlauer Berg)
☎ 441 92 69/ 70/ 71
U2 Eberswalder Straße

Latino America

Der Name sagt alles.

Droysenstr. 15 (Charlottenburg) ☎ 324 82 43
S 3,5,7,9 Charlottenburg

Loft (D2)

Innovativer und bekannter Brennpunkt der Musikszene. Spannende Konzerte in- und ausländischer Gruppen mit Indies, Pop, Punk, Avantgarde.

Nollendorfplatz 5 (Schöneberg) ☎ 216 10 20
U1,2,15 Nollendorfplatz

Lohmeyer's

Kleiner Jazz-Club im New Yorker Stil mit Musik von Fifties bis Bebop. Für Jazzfans interessant sind auch die Musik-Videos mit raren Originalaufnahmen.

Eosanderstr. 24 (Charlottenburg) ☎ 324 96 60
U7, Bus 145, 109 Richard-Wagner-Platz

Lucky Strike Originals (F4)

In der Restaurant-Bar-Music-Club-Mischung wird etwas versnobt dem American Way of Life gehuldigt. Nach den „American Events" kann im Lucky Club zu Jazz, Funk, Blues, Soul und Latin das wohlgeformte Tanzbein geschwungen werden.

Georgenstraße, S-Bahnbögen 177-180 (Mitte) ☎ 30 84 88 22
S1,2,3,5,7,9, U6 Friedrichstraße

Marquee

Bevorzugt US-amerikanische Newcomer und Highlights aus dem Indie-, Hardcore-, Avantgarde-Bereich. Musik und Unterhaltung auf allen Ebenen.

Hauptstr. 30 (Schöneberg) ☎ 784 85 65
U7 Eisenacher Straße, Kleistpark

Metropol (D2)

Kultladen! Bekanntere Rock-, Punk- und Popgruppen aus In- und Ausland treten hier auf. Am Wochenende auch Disco mit der heißesten Laser-Show.

Nollendorfplatz 5 (Schöneberg) ☎216 41 22/ 216 27 87
U1,2,15 Nollendorfplatz

Niagara (G1)

Schwarz und Rot prägt das Erscheinungsbild. Bei freiem Eintritt spielen hier die trashigsten, noisigsten Garagenpunkbands der Stadt.

Gneisenaustr. 58 (Kreuzberg) ☎692 61 72
U7 Südstern

Oscar Wilde – Irish Pub (F5)

Zwischen Bar und Podium wogt eine feucht-fröhlich gesinnte Besuchermenge hin und her. Schon manchem wurde es zu viel.

Friedrichstr. 112a (Mitte) ☎282 81 66
U6 Oranienburger Tor

Parkhaus

Überwiegend Jazz im Kulturhaus Treptow. Fester Termin: der „schräge Mittwoch".

Puschkinallee 5 (Treptow) ☎272 79 52
S6,8,9,10, Bus 265 Treptower Park

Pfefferberg

Von Weltmusik bis Hip Hop ist hier allerhand geboten. Eine besondere Attraktion stellt zudem das lauschige wie lebendige Sommercafé dar.

Schönhauser Allee 176 (Prenzlauer Berg) ☎282 72 73
U2 Senefelderplatz

Podewil (H4)

World Music, Performances und allerlei Kleinkunst. Besonders schön sind auch die Podewilschen Hofkonzerte mit Jazz und Klassik.

Klosterstr. 68-70 (Mitte) ☎247 49-777/ -6
S 3,5,7,9 Alexanderplatz, U2 Klosterstraße

Quasimodo (B2)

Jazz, Rock, Funk – und immer wieder Jazz, von New York City

bis Berlin-Kreuzberg. Zwischen internationalen Größen und Lokalmatadoren bietet das Quasimodo mit dem „Berlin Jazz Scene Meeting" am ersten Mittwoch im Monat Gelegenheit zur Session. Das Berliner Exemplar dessen, was man sich unter einem „richtigen" Jazzkeller vorstellt.

Kantstr. 12a (Charlottenburg) ☎ 312 80 86
S3,5,7,9, U2,9 Zoo

Salsa (A2)

Für Liebhaber lateinamerikanischer Musik.

Wielandstr. 13 (Charlottenburg) ☎ 324 16 42
S 3,5,7,9 Savignyplatz

Schlot

Jazzcafé und Theaterkneipe mit bezahlbaren Eintrittspreisen in einer ehemaligen Metallfabrik im zweiten Hinterhof. Angenehme Atmosphäre und familiäres Podium.

Kastanienallee 29 (Prenzlauer Berg) ☎ 208 20 67
U2 Eberswalder Straße

Shannon

Nette, kleine Schöneberger Kneipe, die bei Folk-Konzerten brechend voll werden kann. Hauptsache, der Mann am Klavier hat noch Platz.

Apostel-Paulus-Str. 34
(Schöneberg) ☎ 781 86 76
U7 Eisenacher Straße

SO 36 (H2)

Bei Punk, Rock, Reggae, Ska beginnt an einem guten Abend die Luft zu flimmern. Die Stimmung normalisiert sich gegen Morgen nach Abkühlung mit zehn Flaschen Becks.

Oranienstr. 190 (Kreuzberg)
☎ 615 26 01
U1 Görlitzer Bahnhof, Kottbusser Tor

SMI

Im Tempodrom

Statthaus Böcklerpark (H2)

Viel Rock, Afro und Caribean Music im nachbarschafts- und jugendorientierten Kiezzentrum. Darüber hinaus jede Menge Literatur, Disco, Kino, Workshops und Kurse.

Prinzenstr. 1 (Kreuzberg)
☎ 25 88-30 32/ 615 10 09
U1 Prinzenstraße

Tacheles (F5)

Rock, Hardcore, Avantgardistisches und Experimentelles aus Berlin und der Welt. Neben Konzerten ist in diesem ehemaligen Kaufhaus an Kunst und Kultur alles Mögliche geboten.

Oranienburger Str. 53-56 (Mitte) ☎ 282 61 85/ 282 31 30
U6 Oranienburger Tor

Tempodrom (E4)

Musik im Zelt! Bekanntere und weniger bekannte Gruppen verschiedener Stilrichtungen spielen hier auf. Besonders beliebt ist das Weltmusik-Festival „Heimatklänge" im August unter dem Motto: umsonst und draußen. Im Zuge der Umgestaltung zur „Hauptstadt" wird ein Umzug in den nächsten Jahren fällig, ein „Öko-Ufo"-Neubau befindet sich im Planungsstadium.

In den Zelten (Tiergarten) ☎ 394 40 45
Bus 100, 248

Tränenpalast (F4)

Am ehemaligen Grenzübergang Friedrichstraße das Glashaus des Abschiednehmens, jetzt für Kino, Konzerte und Dance-Events genutzt. Im Sommer umsonst und draußen Blues in the Garden.

Reichstagufer 17/Friedrichstraße ☎ 238 62 11
S1,2,3,5,7,9, U6 Friedrichstraße

UFA-Fabrik

Alternatives, selbstverwaltetes Kulturzentrum mit Zirkus,

Theater, Kino, Konzerten u.a. Immer für Überraschungen gut.

Viktoriastr. 13 (Tempelhof) ☎ 75 50 30
U6 Ullsteinstraße

Villa Kreuzberg

Als multikulturelles Jugendhaus bietet die Villa mit Sessions, Einzelkonzerten und Konzertreihen neben den bewährten Lokalmatadoren auch neuen, jungen, unbekannteren Bands ein Podium.

Kreuzbergstr. 62 (Kreuzberg) ☎ 25 88-25 80
U6,7, Bus 140 Mehringdamm

Wabe

Die sechseckige Bauweise macht den Namen. Im Kulturhaus Ernst-Thälmann-Park gibt's ein bunt gemischtes Angebot an Live-Musik. Verdienstvoll auch die Disco am traditionell weniger tanzfreudigen Wochenanfang.

Dimitroffstr. 101 (Prenzlauer Berg) ☎ 427 55 12
S8,10 Greifswalder Straße,Ernst-Thälmann-Park ,Tram 4, 24, 28, 58

Waldbühne

Großkonzertbühne für die Stars. Bei schlechtem Wetter kann das Publikum im Arenen-Halbrund ordentlich naß werden, doch das gehört dazu. Die Eintrittskarte berechtigt zu kostenloser Hin- und Rückfahrt mit öffentlichen Verkehrsmitteln.

Glockenturmstr./Passenheimer Str. (Charlottenburg), ☎ 305 50 79
U2 Olympiastadion

Wasserturm

Der Wasserturm ist auch ein solcher, jetzt aber als Jugend-, Kultur- und Kommunikationszentrum genutzt. Musikalisch breit gefächert von Rock, Pop, Underground bis Vermischtes.

Kopischstr. 7 (Kreuzberg) ☎ 25 88-31 17
U6 Platz der Luftbrücke

Yorckschlößchen (E1)

Gebruncht wird jeden Sonntag ab 14 Uhr zu Hot Jazz live. In der Wintersaison gibt's zusätzlich jeden Mittwochabend brechend volle Eintritt-Frei-Konzerte mit diversen Hausbands und anderen.

Yorckstr.15 (Kreuzberg) ☎ 215 80 70
U6,7 Mehringdamm

Wer in Berlin klassisch konzertant genießen möchte, kann wahrlich aus dem Vollen schöpfen. Ob sinfonische Konzerte, Kammermusik, Solisten, Chormusik, Oper oder Musical – das Angebot ist riesig. Allein über neun ständige Orchester verfügt die Stadt. Das traditionellste und bekannteste, das Berliner Philharmonische Orchester, wird seit 1989 von Claudio Abbado geleitet. Daneben existieren weitere ausgezeichnete Klangkörper wie das Radio-Symphonie-Orchester unter Vladimir Ashkenazy, die Berliner Symphoniker unter Alun Francis, das Berliner Sinfonie-Orchester unter Michael Schönwandt, die Staatskapelle unter Daniel Barenboim. Die Vielfalt der Vokalszene zwischen Berufschören und Laienvereinigungen ist kaum überschaubar. Trotz der Ebbe im Stadtsäckel ist das Berliner Kulturleben noch im positiven Sinne doppelt geprägt, da sich in Zeiten der Teilung West- und Ost-Institutionen unabhängig voneinander entwickelten. So gibt es auch im musikalischen Bereich eine zwiefache Zahl von Veranstaltungsorten, neben das westliche Zentrum Philharmonie ist im Osten das Schauspielhaus getreten, die Deutsche Oper muß sich mit der Staatsoper Unter den Linden messen. Für Konzerte der renommiertesten Berliner Orchester oder Stargastspiele empfiehlt sich eine sehr frühzeitige Kartenbestellung. Darüber hinaus gibt es jedoch interessante Möglichkeiten auch mit weniger langfristiger Planung. Dazu zählen beispielsweise die Serenadenkonzerte im Jagdschloß Grunewald, die Friedenauer Kammerkonzerte, die Freilichtkonzerte in der Waldbühne und die vielen Aufführungen in Berliner Kirchen. Über das aktuelle Programm können Sie sich neben Zeitungen, Stadtmagazinen und Berlin-Programm am umfassendsten im „Führer durch die Konzertsäle Berlins und Brandenburgs" informieren, der an den Theatervorverkaufstellen erhältlich ist.

BKA – Berliner Kabarett Anstalt (F1)

Mit der dienstäglichen Reihe „Unerhörte Musik" bietet das BKA ein interessantes und ausgefallenes Programm für Freunde zeitgenössischer Klänge.

🕐 Karten tägl. 11-20 Uhr
Mehringdamm 32-34 (Kreuzberg) ☎ 251 01 12
U6,7 Mehringdamm

Jagdschloß Grunewald

1542 von Kurfürst Joachim II. erbaut ist das Jagdschloß Grunewald eine Sehenswürdigkeit für sich und stellt einen wahrhaft ehrwürdigen Hintergrund für kleinere klassische Konzerte.

Pücklerstraße, am Grunewaldsee (Zehlendorf) ☎ 813 35 97
Bus 115

Kammermusiksaal der Philharmonie (E3)

Die „Kleine Philharmonie" nach einem Entwurf von Hans Scharoun wurde erst 1987 fertiggestellt. Sie dient vor allem für Solisten- und Kammerkonzerte oder orchestrale Aufführungen in kleiner Besetzung.

🕐 Mo-Fr 15.30-18, Sa-So, Fei 11-14 Uhr
Matthäikirchstr. 1/ Eingang Margaretenstr. (Tiergarten) ☎ 2548 8231
S1,2,U2 Potsdamer Platz

Veranstaltungskasse eine Stunde vor Beginn, Vorverkauf an der Kasse des Kammermusiksaals nur für Gastkonzerte in beiden Sälen der Philharmonie.

SMA

Klassisches am Wittenbergplatz

Kammersaal Friedenau

Im Rahmen der Friedenauer Kammerkonzerte gibt es hier spannende Veranstaltungen von A-Capella-Madrigalen bis höfischer Musik. Für die Liebhaber des Kleinen, aber Feinen.

Isoldestr. 9 (Schöneberg)
☎ 853 20 44
S46, U9 Bundesplatz

Komische Oper Berlin (F4)

Der Name trügt: Hier wird bei weitem nicht nur leichte Kost geboten. Das Spektrum in Sachen Oper, Tanztheater, Konzert reicht von Mozart über Janácek bis Gluck und Offenbach. In der Tradition des berühmten Walter Felsenstein erarbeitet heute Harry Kupfer eigenwillige, zeitgenössische Interpretationen.

🕐 Mo-Sa 12-17.30, So 13-16.30 Uhr
Abendkasse Behrenstraße ab eine Stunde vor Beginn
Vorverkauf Unter den Linden 41
Behrenstr. 55-57 (Mitte) ☎ 2292-2555
U6 Französische Straße

Konzertsaal/ Theater- und Probensaal der Hochschule der Künste (B2)

Hier traten die Berliner Philharmoniker vor dem Bau der Philharmonie auf. Neben den „großen" Konzerten und Gastspielen sind auch die HdK-Veranstaltungen der musikalischen Schülerklassen äußerst hörenswert.

🕐 Di-Fr 15-18.30, Sa 11-14 Uhr
Hardenbergstr./ Fasanenstr. (Charlottenburg) ☎ 31 85-23 74
S3,5,7,9, U2,9 Zoo

Musikinstrumenten-Museum (D/F3)

Teil des Tiergartener Kulturforumkomplexes. Neben der Ausstellungsfunktion finden hier auch Konzerte in kleinerem Rahmen statt. Besonders interessant sind die Aufführungen und Demonstrationen mit historischen Originalinstrumenten des Museums.

Tiergartenstr. 1 (Tiergarten) ☎ 254 81-178
S1,2,U2 Potsdamer Platz

Deutsche Oper Berlin (A/B3)

Räumlich das größte der drei Opernhäuser, von außen ein häßlicher Betonklotz, doch konzertant herrscht Vielfalt zwischen klassisch und modern. Oper, Operette, sinfonische Konzerte und Ballett stehen auf dem Programm

🕐 Mo-Sa 11-19 Uhr bzw. bis eine Stunde vor Beginn, So 10-14 Uhr und Abendkasse
Bismarckstr. 35 (Charlottenburg) ☎341 02 49
U2 Deutsche Oper

Philharmonie (E3)

Der vielbeachtete Bau von Hans Scharoun mit terassenförmig angelegten Zuschauerplätzen um das Podium gilt als Meisterwerk der Konzertakustik. Veranstaltungskasse eine Stunde vor Beginn, Vorverkauf an der Philharmoniekasse nur für die Aufführungen der Berliner Philharmoniker.

🕐 Mo-Fr 15.30-18, Sa-So, Fei 11-14 Uhr
Matthäikirchstr. 1 (Tiergarten) ☎261 43 83
S1,2,U2 Potsdamer Platz

JPM

Reichstag unwrapped

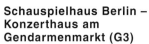
Schauspielhaus Berlin – Konzerthaus am Gendarmenmarkt (G3)

Der ehemalige Theaterbau Karl Friedrich Schinkels ist erst nach seinem Wiederaufbau 1984 als Konzerthaus eröffnet worden. In drei verschiedenen Sälen bietet er Raum für Orchesterkonzerte, Kammermusik und kleinere musikalisch-literarische Veranstaltungen. Heimstatt des Berliner Sinfonie-Orchesters.

🕐 Di-Sa 14-18 Uhr und Abendkasse,
Besucherservice Mo-Fr 10-17 Uhr
☎2090-2334
Gendarmenmarkt (Mitte)
Kasse Großer Konzertsaal ☎20 90-21 00/ 2103/ 2104
Kasse Kammermusiksaal, Musikclub ☎2090-2105
U6 Französische Straße, Stadtmitte, Hausvogteiplatz

Staatsoper Unter den Linden (F/G4)

Mit über 250 Jahren das älteste und schönste Haus mit der besten Adresse strebt nun unter der künstlerischen Leitung Daniel Barenboims mit Opern, Konzerten und Ballett nach Weltrang.

🕐 Mo-Sa 12-18, So,Fei 14-18 Uhr,
Abendkasse eine Stunde vor Beginn
Unter den Linden 5-7 (Mitte) ☎200 47 62
S1,2,3,5,7,9, U6 Friedrichstraße

Waldbühne

Sommerliche Klassik-Ereignisse der besonderen Art: Bei den beliebten Open-Airs in der Freilichtarena herrscht Volksfeststimmung unter dem Motto „Klassik für jedermann". Zu bezahlbaren Eintrittspreisen (BVG-Benutzung inklusive) strömen Scharen von Berlinern mit Bierdosen und Picknickkörben, Kissen, Decken, Regenschirmen ins Halbrund und machen deutlich, daß Musikgenuß nicht von elitärer Steifheit geprägt sein muß.

🕐 an Veranstaltungstagen ab 14 Uhr
Am Glockenturm (Charlottenburg) ☎305 50 79 (Kassenhaus)
U2 Olympiastadion

Theater

Sieht man in den Veranstaltungskalender einer Berliner Programmzeitschrift, so sticht einem die Menge der Theater ins Auge. Das Theater spielte stets eine bedeutende Rolle in Berlins Kulturszene. Allerdings existiert eine tiefe Kluft zwischen den etablierten, subventionierten Bühnen und der sogenannten Off-Szene. Die freien Bühnen mit ihrer Experimentierfreude und ihrer Vielfalt machen Berlin für den Theaterfan reizvoller denn je.

Die etablierten Bühnen

Das Subventionstheater steckt in der Krise. Als der Kultursenat 1993 die Mittel radikal zusammenstrich, bedeutete dies für zwei traditionelle Theater das Aus. Kurios war die Reaktion des Publikums auf die Protestaktionen des Ensembles und der Leitung: Nachdem der anfängliche Schock überwunden war und man ein bißchen nachgedacht hatte, tendierte die öffentliche Meinung zu der Aussage: „Was soll's, ihr habt lange genug im Warmen gesessen, fette Gehälter kassiert und dafür kaum Durchschnitt geboten. Hättet ihr euch ein bißchen angestrengt ... ". Dieser Einwand war zumindest nachvollziehbar. Die Etat-Streichungen hatten zwei Theater getroffen, in denen man im Laufe der Zeit bequem geworden war. Obwohl das Schillertheater seit 1945 eine feste Einrichtung Berlins war, schreckte man vor seiner Schließung nicht zurück. Man befand, das Ensemble sei schon seit mehreren Spielzeiten in Apathie versunken. Das früher hohe künstlerische Niveau war längst ins Mittelmaß abgesackt. Nun müssen sich die etablierten Bühnen von den Off-Theatern zeigen lassen, daß man auch mit geringen Mitteln beachtliche Erfolge erzielen kann.

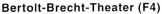

Bertolt-Brecht-Theater (F4)

In der ehemaligen DDR diente das Brecht-Theater als Aushängeschild sozialistischer Kultur und Hort der reinen Lehre. Derzeit leitet Heiner Müller das Schauspielhaus. Im Ensemble hat es einschneidende Veränderungen gegeben, das Repertoire besitzt keine einheitliche Linie mehr. Die Qualität der Inszenierungen beurteilt die Kritik recht zwiespältig.

Am Bertolt Brecht Platz (Mitte) ☎ 288 81 55 bzw. 282 31 60 (Kasse)
S1,2,3,5,7,9, U6 Friedrichstraße

Deutsches Theater / Kammerspiele (F5)

Das traditionsorientierte Theater setzt seinen Schwerpunkt auf Klassiker – auch auf die modernen. Die ehemalige Wirkungsstätte Max Reinhardts bietet konventionelle, anspruchsvolle Inszenierungen.

Schumannstr. 13a (Mitte) ☎ 284 41-0 bzw. 284 41 225 (Kasse)
S1,2,3,5,7,9, U6, Bus 147 Friedrichstraße

Friedrichstadtpalast (F5)

Der Friedrichstadtpalast war in der DDR das Ausghängeschild für Weltläufigkeit und Urbanität des sozialistischen Systems: Große Tanzensemble mit leicht bekleideten Damen in Revuen à la „Moulin Rouge". Damit wollte man demonstrieren, daß

SMI

Friedrichstadtpalast

man in puncto Liberalität mit dem Westen auf einer Stufe stand. Selbst wenn man für diese Art der Unterhaltung wenig übrig hat, so ist der Friedrichstadtpalast immerhin eine exotische Blume in der Bühnenlandschaft.

Friedrichstraße 107 (Mitte) ☎ 232 62-0 bzw. 232 62 474 (Kasse)
S1,23,5,7,9, U6, Bus 157 Friedrichstraße

Grips (C4)

Ursprünglich war das „Grips" ein Kindertheater. Bekannt wurde es in den letzten Jahren durch seine sozial-engagierten Aufführungen. Mit dem Musical „Linie 1", einem ganz unerwarteten Erfolg, erlangte dieses Theater zurecht bundesweite Berühmtheit. Das Repertoire dominieren nach wie vor Kinder- und Jugendstücke, aber „Linie 1" wird weiterhin gegeben.

Altonaer Straße 22 (Tiergarten) ☎ 391 40 04
U9, Bus 106, 123 Hansaplatz

SMI

Schaubühne

Maxim Gorki Theater (G4)

Das Maxim Gorki Theater gehörte ebenfalls zu den großen Bühnen Ost-Berlins. Der Intendant Albert Hetterle leitete die letzten 26 Jahre das Haus so erfolgreich, daß ihm Publikum und Kritik uneingeschränkte Achtung zollten. 1994 mußte er aus Altersgründen abtreten. Bisher bot das Theater moderne Stücke – keine Avantgarde.

Am Festungsgraben 2 (Mitte) ☎ 208 27 38/48
S3,5,7,9 Hackescher Markt, U6 Friedrichstraße, Bus 100, 157, 348

Metropol-Theater (F5)

Auch diese traditionsreiche Bühne bedrohen die Subventionskürzungen des Senats. Daher entschied die Leitung – auf der Suche nach Marktnischen, die das Überleben ermöglichen sollen – sich der leichten Muse anzunehmen. Das Metropol-Theater spielt derzeit (von einigen Gastspielen abgesehen) abwechselnd klassische Operetten wie „Die Fledermaus", „Bettelstudent", „Orpheus in der Unterwelt".

Friedrichstraße 101-102 (Mitte) ☎ 203 64-0
S1,2,3,5,7,9, U6 Friedrichstraße

Schaubühne am Lehniner Platz (A2)

Hier werden vor allem moderne Stücke gespielt. Obwohl die Schaubühne von Publikum und Kritikern geschätzt wird, ist die Beurteilung der Qualität dieses Theaters eng verknüpft mit der Frage, ob die moderne Kunst überhaupt noch etwas zu sagen hat. Wer für sich diese Frage nicht mit Sicherheit bejahen kann, riskiert eine Enttäuschung.

Kurfürstendamm 153 (Wilmersdorf) ☎ 89 00 23
U7, Bus 119, 129, 219 Adenauerplatz

Theater des Westens (A3-B2)

Die klassische Musical-Bühne Westberlins. Und Musicals sind wieder im Trend – allerdings nur, wenn man sie an Maßstäbe legt, wie sie Andrew Lloyd Webber gesetzt hat. Diese Ansprüche löst das Theater zwar nicht immer ein, aber man arbeitet daran.

Kantstraße 12 (Charlottenburg) ☎ 31 90 30 bzw. 882 28 88 (Kasse)
S3,5,7,9, U2,9 Zoo

Volksbühne (H5)

Der Name des Theaters deutet auf seine Herkunft: Es wurde 1914 mittels bescheidener Beiträge der Mitglieder des „Verein freie Volksbühne", (größtenteils Arbeiter) aufgebaut. Der Verein wurde 1933 aufgelöst, aber in der DDR bekam das Theater wieder neuen Aufschwung. Solide Inszenierungen (nicht ausschließlich) sozialistischer Klassiker wurden aufgeführt. Nach der Wende spielte das erfahrene Ensemble auch weniger bekannte Autoren, z.B. Bulgakow, dessen „Meister und Margarita" ja keine leichte Vorlage darstellt.

Rosa Luxemburg-Platz ☎ 308 74-5 / 282 33 94 / 282 89 78 (Kasse)
U8 Rosa Luxemburg-Platz, Tram 71, 72, Bus 140, 240

Vagantenbühne (A3-B2)

Ein kleines, altes Kellertheater neben dem Theater des Westens. Bietet regelmäßig Aufführungen weniger bekannter Klassiker. Ionesco wird hier z. B. immer wieder gespielt. Von gelegentlichen Ausrutschern abgesehen – empfehlenswert.

Kantstraße 12a (Charlottenburg) ☎ 312 45 29
S3,5,7,9, U2,9 Zoo

SMI

Mehringhof-Theater

Berlin spontan

Die Off-Bühnen

Zur Off-Szene rechnet man die vielen, meist kleinen Theater, die ohne oder nur mit Kleckerbeträgen aus dem Subventionstopf des Senats auskommen. Diese Theater-Landschaft ist in steter Veränderung begriffen, lebendig, spannend und sehr unübersichtlich. Vergleiche mit New York fallen gerne und sind mal über-, mal untertrieben. Einige der unten angeführten Bühnen existieren bereits seit längerer Zeit, andere sind neu, manche werden womöglich bald wieder geschlossen. Neben den festen Theatern findet man eine Menge Gastspiele ausländischer Ensembles.

Hackesches Hof-Theater (G5)

Junges Nach-Wende-Theater im Hackeschen Hof. Sehr lebendige Inszenierungen – ob es sich um eine Eintagsfliege handelt, muß die Zukunft zeigen. Derzeit sehr beliebt beim Publikum.

Rosenthaler Straße 40-41 (Mitte) ☎ 283 25 87
S3,5,7,9 Hackescher Markt, U8 Weinmeisterstraße

Hebbel-Theater (F3-2)

Eine vielfältige Mischung neuer Inszenierungen und keine starren Vorgaben sorgen in diesem Haus für Überraschungen. Die schauspielerische und inszenatorische Qualität liegt über dem Durchschnitt. Übrigens hat sich das bis jetzt noch nicht überall herumgesprochen, so daß man leicht an Karten kommt.

Stresemannstr. 29 (Kreuzberg) ☎ 259 00 40 bzw. 251 01 44 (Kasse)
U1,6, Bus 341 Hallesches Tor

KAMA

Alternatives Musical-Theater ohne feste Richtlinien. Die Gruppe hat sich seit einiger Zeit als konstanter Faktor etabliert. Gelegentliche Gastspiele ausländischer Gruppen lockern das Repertoire auf.

Schwiebusser Straße/ Friesenstraße (Kreuzberg) ☎ 693 33 39
U6, Bus 119 Platz der Luftbrücke

Stachelschweine (C2)

Das alte Berliner Nachkriegskabarett. Einst in einem Atemzug genannt mit der „Münchner Lach- und Schießgesellschaft" oder dem Düsseldorfer „Kommödchen". Dennoch ist es heute völlig in Routine erstarrt. Geboten wird Hausmannskost ohne Inspiration.

Tauentzienstraße im Europa-Center (Charlottenburg) ☎261 47 95
S3,5,7,9, U2,9 Zoo, Bus 109, 119, 129, U1,2 Wittenbergplatz

Tacheles Theater (F5)

Ein fast verfallenes, besetztes Haus in der Oranienburger Straße bietet neben Café, Kino, Disco etc. auch Platz für eine Bühne. Gastspiele von Off- und Off-Off-Gruppen faszinieren oder erschrecken, je nach Geschmack. Das Interieur orientiert sich am Punk, aber das paßt zusammen – Theaterbesuch an sich als (Gesamt-)Kunstwerk?

Oranienburger Straße 54-56 (Mitte) ☎282 61 85
S1,2 Oranienburger Straße, U6 Oranienburger Tor

Theater Zerbrochene Fenster

Kleines Theater, das sich vor allem mit avantgardistischen Stücken auseinandersetzt. An die Darstellung wird ein hoher Maßstab angelegt. Das Richtige für ein Publikum mit weitem Interessenhorizont.

Fidicinstraße 3, Eing. Schwiebusser Str. 16 (Kreuzberg) ☎694 24 00
U6, Bus 119 Platz der Luftbrücke

Kabarett

Wie schon bei den Theatern gibt es auch unter den Kabaretts die festen Häuser, die kleinen Gruppen, wandernden Solisten und vieles mehr. Allerdings bemerkt man bei den alten Ensembles deutliche Unterschiede zwischen Ost- und West-Kabarett.

Die Distel (F5-3)

Klassisches Kabarett im traditionellen Stil. In der DDR ein Alibi-Brettl, das die Kulturpolitiker duldeten. Heute wird hier eine interessante Mischung geboten: Kabarett für Ossis in der Bundesrepublik. Für Wessis mitunter eine lehrreiche Erfahrung zum Thema „deutsche Befindlichkeit".

Friedrichstraße 101 (Mitte) ☎200 47 04
S1,2,3,5,7,9, U6 Friedrichstraße

Kartoon (F/G4)

Kabarett in einem Restaurant. Ebenfalls eine im Osten etablierte Bühne, die sich gehalten hat. Stil und Inhalte tasten sich an die großen Themen heran, das Handwerk wird sicher beherrscht.

Französische Straße 24 (Mitte) ☎229 93 05
U6 Französische Straße

Wintergarten (E1-3)

André Heller übernahm dieses Haus und eröffnete den „Wintergarten", ein Varieté im alten Stil. Dieser Künstler ist hinlänglich bekannt, da er nach dem Motto des Donald Trump verfährt: „Denke groß, handle gigantisch und klebe auf alles deinen Namen". Deshalb geriet das Äußere bunter und bombastischer, als die Show letztendlich ist. Obwohl die Kritik sich bei jedem neuen Programm routinemäßig überschlägt, ordne ich persönlich dieses Haus in die Rubrik „Touristenfalle" ein.

Potsdamer Straße 96 (Tiergarten)
☎262 70 70 oder 261 60 60
U1 Kurfürstenstraße

Die Wühlmäuse (C2)

Das Kabarett wurde einige Jahre lang von Didi Hallervorden geführt und bot in dieser Zeit Didi Hallervorden. Dann gastierte Martin Buchholz, einer der wenigen guten deutschen Solisten, der außerhalb Berlins leider kaum bekannt ist. Jetzt finden hier fast nur Gastspiele statt.

Nürnberger Straße 33 (Wilmersdorf) ☎213 70 47
U2 Augsburger Straße

off-Bühnen:

Wie bei den Theatern ist es schwer, den Überblick zu behalten, schwerer noch, zu werten. Hier also nur ein kleiner Auszug:

Bar jeder Vernunft (B/C2)

Diese Kleinkunstbühne befindet sich auf dem Dach eines Parkhauses, in einem kleinen Zikus-Zelt. Hier erwartet den Besucher eine Jugendstil-Bar in einem verspiegelten, runden Raum. Die Bühne ist klein, die Leitung des Hauses sensibel: Während der Vorstellung wird nicht serviert, und man bittet, auf das Rauchen zu verzichten. Das Programm besteht aus engagierter Kleinkunst auf höchstem Niveau, wobei am erstaunlichsten ist, daß dieses Niveau mit links gehalten wird. Die Vorliebe der Veranstalter gilt dem Chanson und dessen Randgebieten. So ist z.B. Georgette Dee bei ihren Berliner Auftritten auf dieser Bühne Stammgast. Kartenvorbestellung ist unbedingt erforderlich.

Schaperstraße 24 (Wilmersdorf) ☎ 883 15 82
U2 Spichernstraße

BKA (F1)

Ein etablierteres, alternatives Kabarett. Hat schon einen Ableger gegründet – das „BKA im Zelt", neben der Philharmonie.

Mehringdamm 32-34 (Kreuzberg) ☎ 251 01 12
U6,7, Bus 119 Mehringdamm

BKA im Zelt (E3)
Matthäikirchstr. 1(Tiergarten) ☎ 251 01 12
Bus 129, 248

Chamäleon Varieté (G5)

Im Hackeschen Hof gibt es neben dem gleichnamigen Theater auch noch das neugegründete Chamäleon-Variete. Es ist gleich nach dem Start beim Berliner Publikum ungewöhnlich gut angekommen – Karten müssen rechtzeitig reserviert werden.

Rosenthaler Straße 40-41 (Mitte) ☎ 282 71 18
S3,5,7,9 Hackescher Markt

Mehringhof Theater (G1)

Ein Spielort ohne eigenes Ensemble, der von Satirikern und Kabarettisten sehr geschätzt wird. Eine etablierte Alternativ-Bühne, wo sich Publikum und Vortragende im gleichen Geiste treffen.

Gneisenaustraße 2a (Kreuzberg) ☎ 691 50 99
U6,7, Bus 119, 247 Mehringdamm

Tempodrom (E4)

Diese Bühne, die in der Berliner Szene bereits Symbolcharakter erlangt hat, verlangt im Grunde eine eigene Rubrik. Hier findet man Theatervorstellungen, Rockkonzerte, Festivals, Kleinkunst – jenseits jeglicher Etikettierung. Das Tempodrom, ein Zirkuszelt mit festem Standort im Tiergarten hinter dem „Haus der Kulturen der Welt", hat eine für die Berliner Kultur markante Geschichte: Es wurde Anfang der Achtziger von einer Krankenschwester gegründet, die hier mit einer Erbschaft ihren Traum konsequent verwirklicht hat. Dieser Geist ließ sie und ihre Mitstreiter bis heute manche Schwierigkeiten durchstehen, wobei ihr das Berliner Publikum von Anfang an zur Seite stand. Vor allem im Sommer sind die Straßen rund ums Tempodrom während der Vorstellungen verstopft. Es empfiehlt sich die Anreise mit dem Bus oder der S-Bahn.

In den Zelten (Kreuzberg) ☎ 394 40 05
S1,3, Bus 100, 248 Unter den Linden

Chamäleon-Varieté

Für Tanzfreudige gilt in vielen Diskotheken: Da ist der Türsteher vor, der die vermeintliche Exklusivität seines Ladens vertei-
digen soll und daher das auflaufende Publikum seiner mehr
oder weniger gestrengen Begutachtung unterzieht. Da die Gesetzmäßigkeiten dieser Selektion zwischen „unerbittlich" und
„harmlos" häufig ziemlich willkürlich anmuten, soll hier niemand durch vorweggenommene Bewertungen entmutigt werden. Grundsätzlich aber haben Großgruppen und Konstellatio-
nen mit Herrenüberschuß schlechte Karten und sollten sich erst
einmal aufteilen. Nehmen Sie's nicht tragisch, wenn Sie von
breiten Schultern oder einer ultracoolen Visage abgewiesen werden: Das ist schon Vielen passiert, und außerdem gibt es genügend Etablissements, die derlei Maßnahmen zur Herstellung
der „richtigen" Mischung nicht nötig haben. In der nachfolgenden kleinen Auswahl finden Sie bestimmt geeignete Orte, um
über die Tanzböden zu fegen. Eine Stärke Berlins ist das wild
wuchernde Clubleben, in dessen Rahmen abgefahrene Nachtku-
lissen auf die innovativste Weise je nach Mietvertragslage und
Musikkonzept hin- und hergeschoben werden. Das bedingt
spannende Entwicklungen ebenso wie eine gewisse Kurzlebig-
keit. Wer sich nicht blindlings ins Getümmel stürzen möchte,
sei wiederum auf die Berliner Stadtillustrierten verwiesen;
„Zitty" beispielsweise listet im Programmteil unter der Rubrik
„Tanzen" täglich die angekündigten Dance-Events auf. Viel
Vergnügen und Durchhaltevermögen!

90° (E2)

Dank innovationsfreudiger Dekomeister kann man sich von der Einrichtung immer wieder überraschen lassen. Neben der normalen Tanzwut bis in die Morgenstunden zu Funk, Soul, Hip-Hop gibt's regelmäßig special events von Talentshow bis Gay Night.

🕙 Mi-So ab 23 Uhr, Dennewitzstr. 30 (Tiergarten) ☎ 262 89 84
U1 Kurfürstenstraße

Abraxas (A3-B2)

Klein, dunkel, voll, heiß, lateinamerika-orientiert, funky ... Die Luft ist nichts für Kreislaufschwache.

🕙 Di-So 22-5 Uhr, Kantstr. 134 (Charlottenburg) ☎ 312 94 93
S3,5,7,9 Savignyplatz, U7 Wilmersdorfer Straße

Big Eden (B2)

Teenies, Vorort-Berliner und Touristen bevölkern die große Tanzfläche und von „Miß Eden" bis „Miß Berlin" wird alles gewählt. Wer sich das ersparen möchte, kann es auch von draußen auf Video beobachten.

🕙 tägl. 19-4 Uhr, Kurfürstendamm 202 (Charlottenburg) ☎ 882 61 20
U15, Bus 109,119,129,219 Uhlandstraße

Blue Note (D2)

Auf der kleinen Tanzfläche zu souliger Dance-Music abhotten oder lässig an der Bar lümmeln oder sich auch mal unterhalten: das Blue Note erlaubt's.

🕙 tägl. ab 22 Uhr, Courbièrestr. 13 (Schöneberg) ☎ 214 12 37
U1,2,15 Wittenbergplatz, Nollendorfplatz

Boogaloo (H3)

Das absolute Tanzfieber transpirierender Teenieleiber. Hier geht die Nacht ab.

🕙 Do-Sa ab 22 Uhr, Brückenstr. 1 (Mitte) ☎ 279 13 70
U8 Heinriche-Heine-Straße

Bronx

Hier ist alles beim alten geblieben: bewährte Pop- und Rockmusik, verlässliches Ambiente, abgestandenes Publikum auf immergleicher Jagd. Zieht heute schon wieder die Jugend an.

🕙 tägl. 22-5 Uhr, Wiener Str. 34 (Kreuzberg) ☎ 611 84 45
U1 Görlitzer Bahnhof

Delicious Doughnuts (G5)

Dance-Club und Café mit guter Musik zwischen Latin, Soul, Jazz, Funk, verschiedenen Veranstaltungen von Konzert bis Lesung und unverkrampfter Wohlfühl-Atmosphäre.

🕐 Café tägl. ab 12 Uhr, Club tägl. außer Mo ab 22 Uhr
Rosenthaler Str. 9 (Mitte) ☎ 283 30 21
U8 Weinmeisterstraße, Hackescher Markt

Dschungel (C2)

Ein Dauerbrenner jenseits von „in" und „out". Der beste Standort für Nachtvoyeure ist die Freitreppe und selbige bei entsprechendem, inzwischen nicht mehr zuverlässig berechenbarem Andrang dann meist unpassierbar.

🕐 Mi-Mo 22-5 Uhr, Nürnberger Str. 53 (Schöneberg) ☎ 24 66 98
U1 Augsburger Straße

Dunckerclub

Angenehme Clubatmosphäre mit eher jungem Publikum und jeder Menge bewährter Mucke zwischen 60ties und Nirwana. Schweißausbrüchen kann durch Flucht in den kleinen Biergarten begegnet werden.

Am Tacheles

🕐 tägl. ab 22 Uhr, Dunckerstr. 64 (Prenzlauer Berg) ☎ 445 95 09
S8,10 Prenzlauer Allee

E-Werk (F4-2)

Aggressive Türsteher bewachen interessante Industrie-Ästhetik samt Techno und Verwandtem. Für die Hartgesottenen, die sich nicht um Sehnerven, Trommelfell und Herzrhythmus scheren.

🕐 Fr-Sa ab 23 Uhr, Wilhelmstr. 43 (Mitte)
S1,2, U2 Potsdamer Platz, U2 Mohrenstraße

Far out (A2)

Traditionelle Bhagwan-Reminiszenz. Bunte Mischung in Musik und Publikum und fast immer voll.

🕐 Di-So ab 22 Uhr, Kurfürstendamm 156 (Wilmersdorf) ☎ 3200 0723
U7 Adenauerplatz

Fou Na Na (C4)

Black Music und Black People. Man geht auf Tuchfühlung!

🕐 tägl. außer Di ab 22 Uhr, Bachstr./ S-Bahnbogen 475 (Tiergarten)
S3,5,7,9 Tiergarten

Franz-Club

Disco gibt's erst nach den Live-Acts. Da diese jedoch schon Mo-Do bei freiem Eintritt stattfinden, kann man einfach mal vorbeischauen, um dann doch hängenzubleiben. Wochenends entwickelt sich das wahre Kontaktbörsenklima after concert gegen 3 Uhr, wenn die Konzertanten die Bühne verlassen haben und der Sturm auf die Tanzfläche einsetzt.

Schönhauser Allee 36-39 (Prenzlauer Berg) ☎ 442 82 03
U2 Eberswalder Straße

Globus/ Tresor (F3-G3)

Nimm zwei! Während sich die Schönen oben zu HipHop, Soul, Funk, Raggamuffin und anderer Black Music wiegen oder an der Bar mitwackeln, kann man sich in den ehemaligen Tresorräumen im Keller mit Techno und anderen harten Sachen die Ohren beschallen. Meist ist es voll, doch für Frischluftbedürftige steht ein phantasievolles Zaubergärtchen zur Verfügung.

🕐 Fr-Sa ab 22 Uhr, Leipziger Str. 128a (Mitte)
S1,2, U2Potsdamer Platz, U2 Stadtmitte

Golgatha

Zum einen ein großer, beliebter, bei gutem Wetter brechend voller Selfservice-Biergarten, zum anderen eine Disco im kleinen, in der gnadenlos die Dance-Charts der letzten Jahre abgenudelt werden. Wochenends mit Dorfdisco-Charme und die beste Kost-nix-Adresse für das sommernächtlich heiße Tanzfieber bis in die Morgenstunden!

🕐 Sommersaison tägl. ab 11 Uhr, Tanz ab ca.22 Uhr
Auf dem Kreuzberg (Kreuzberg) ☎785 24 53
U6 Platz der Luftbrücke, Bus 140,104

Knaack

Ob im Keller, im ersten Stock oder manchmal auf der Konzertebene: freie Auswahl zum Abhotten. Die unterschiedlichen Musikkonzepte zwischen hart und ruhig locken ebenso unterschiedliches Publikum.

🕐 tägl. ab 22 Uhr
Greifswalder Str. 224 (Prenzlauer Berg) ☎442 70 60
Tram 24,28,58

Madow (B2)

Traditioneller Tanzschuppen, der mit bewährter Rock-Pop-Mischung Stimmung und Leiber aufheizt.

🕐 Mi-So ab 22 Uhr
Pariser Str. 23 (Wilmersdorf)
U7,9 Adenauerplatz, Spichernstraße

Marquee

Ein ganzes Musikhaus mit Konzerten, Tanz und Unterhaltung auf allen Ebenen.

Hauptstr. 30 (Schöneberg) ☎784 85 65
U7 Eisenacher Straße, Kleistpark

Metropol (D2)

Riesenspektakel der „Erlebnisgastronomie" im ganzen Haus mit mehreren Discos und Bars. Das Metropol selbst wartet am Wochenende mit emsigem Betrieb und der heißesten Lasershow auf.

🕐 Fr-Sa ab 21 Uhr
Nollendorfplatz 5 (Schöneberg) ☎216 41 22/ 216 27 87
U1,2,15 Nollendorfplatz

Mingus-Club

Jazziger Kellerclub mit freiem Eintritt, lebendiger Atmosphäre, buntem Publikum, guter Stimmung, heißer Tanzmusik, dicker Saunaluft, fixen Barkeepern und einer Kneipe obendrüber (s. Markthalle).

🕐 ab 22 Uhr
Markthalle Eisenbahnstraße, Pücklerstr. 34 (Kreuzberg)
U1 Schlesisches Tor, Görlitzer Bahnhof

Orpheuo(C2)

Klein, aber oho! Black Music und Multikultiszene wiegen die Anstrengung bei Türsteher und Getränkebestellung auf.

🕐 tägl. ab 23 Uhr
Marburger Str. 2 (Schöneberg) ☎211 64 45
U1,2,15, Bus 119,129 Wittenbergplatz, Augsburger Straße

Pleasure Dome

High-Tech-Vergnügungstempel der Disco-Glitter-Marke.

🕐 Do-So ab 22 Uhr, Hasenheide 13 (Kreuzberg) ☎693 40 61
U8 Hermannplatz

Schnabelbar (G3-H2)

Wie der Name schon sagt: eher Bar als Disco. Doch auf der Mini-Tanzfläche gibt's Hautkontakt und gute schwarze Musik.

🕐 tägl. ab 22 Uhr, Oranienstr. 31 (Kreuzberg) ☎615 85 34
U8 Kottbusser Tor

SO 36 (G3-H2)

Discoabende und viel Konzert. Hier tanzen die Lederjacken bis in die frühen Morgenstunden.

🕐 Fr-Sa ab 23, nach Konzerten ca. ab 1 Uhr
Oranienstr. 190 (Kreuzberg) ☎ 615 26 01
U1 Görlitzer Bahnhof, Kottbusser Tor

Sophienclub (G5)

Heimelige Kleindiskothek mit vergnügungssüchtigem Publikum und immerwährender Partystimmung. Man tanzt oder schaut, was das Zeug hält.

Marx & Engels vor dem Fernsehturm

🕐 tägl. ab 21 Uhr, Sophienstr. 6 (Mitte) ☎ 282 45 52
S3,5,7,9 Hackescher Markt, U8 Weinmeisterstraße

Trash (G3-H2)

Hard and heavy, hip and hop.

🕐 ab 22 Uhr, Oranienstr. 40-41 (Kreuzberg)
☎ 614 23 28
U1,8 Kottbusser Tor, Moritzplatz

Turbine

Stadtbekannte DJs machen Musik mit Konzept. Je nach Abend schwingen Kreuzberger und Zugereiste zu Acid oder House oder 60ties oder... heftigst das Tanzbein.

🕐 tägl. ab 22 Uhr, Wiener Str. 46 (Kreuzberg)
☎ 611 38 33
U1 Görlitzer Bahnhof

Wer zu definieren versucht, was eine richtige Bar eigentlich ausmacht, wird sich schwertun. Der Duden beschränkt sich in seiner Erklärung auf „kleines Nachtlokal", während im Lexikon auf die „hohe Theke zur Einnahme von Getränken im Stehen oder auf Barhockern" verwiesen wird. Die Ethymologie wiederum betont die Schranke zwischen Gast- und Schankraum, die Bar(riere) sozusagen. Damit dürfte der Berliner Minimalkonsens auch schon erreicht sein – zu unterschiedlich ist das, was sich Bar nennt. Während der eine dezente Piano-Untermalung und befrackte Barkeeper erwartet, denkt der andere an

flippiges Publikum in drangvoller Enge. Während der Gast beim einen Barkeeper sein Herz ausschütten oder die neuesten News erfahren kann, ist er beim anderen froh, wenn dessen Verständnis für die Getränkebestellung ausreicht. Ob schick oder verrucht, für's gepflegte Bier oder den totalen Absturz, für angeregte Geselligkeit oder den besinnlichen Nachtausklang – Bars gibt's für jede Lust und Laune.

Arcanoa (G1)

Dunkle, verwinkelte Gruftie-Bar mit eigenwilligem Mobiliar. Am Grabstein-Tresen plätschert ein Bächlein, also Achtung vor nassen Ellenbogen.

🕐 tägl. ca. 21-6 Uhr, Zossener Str. 48 (Kreuzberg) ☎ 691 25 64
U7 Gneisenaustraße

Bar am Lützowplatz (D2)

Styling hat seinen Preis. Dafür verkehren am perfekt arrangierten, ellenlangen Tresen dieses Edel-Treffs auch die ganz besonders Schönen.

🕐 tägl. ab 15 Uhr, Lützowplatz 7 (Tiergarten) ☎ 262 68 07
U1,2,15 Nollendorfplatz

Bar Centrale (E1)

Italien in Berlin – stilvoll, professionell und vielfältig, aber eben auch tischlastig.

🕐 tägl. 18-3 Uhr, Yorckstr. 82 (Kreuzberg) ☎ 786 29 89
U6,7 Mehringdamm

Berlin Bar (B1)

Hier wird Intimität gepflegt. In der räumlichen Enge kommt man sich auf heimelige Art und Weise zwangsläufig näher.

🕐 tägl. 22-7 Uhr, Uhlandstr. 145 (Wilmersdorf) ☎ 883 79 36
U1 Hohenzollernplatz

Blue Note (D2)

Gepflegte Bar-Disco-Café-Mischung: Jedem das Seine.

🕐 Mi-So 22-4 Uhr, Courbièrestr. 13 (Schöneberg) ☎ 214 12 37
U1,2,15 Nollendorfplatz

Cocktailbar Fôgo

Mit freundlicher Bedienung, Sandboden und gelegentlichen Live-Acts sorgt diese Bar für Stimmung. Spezialität: Latin Drinks.

🕐 tägl. ab 20 Uhr, Arndtstr. 29 (Kreuzberg) ☎ 692 14 65
U6,7 Mehringdamm,Gneisenaustraße

Ex 'n Pop (E1)

Rot-düsteres Spätnachtasyl für trinkfreudige Individualisten mit dem Bedürfnis nach Familienanschluß am Tresen.

🕐 tägl. ab 20 Uhr, Mansteinstr. 14 (Schöneberg) ☎216 51 21
S1,2, U7 Yorckstraße, S1 Großgörschenstraße

Fischlabor (D1)

Alles andere als ruhig und langweilig, stattdessen eine volle, belebte, szenige, laute, warme Höhle.

🕐 tägl. 21-5 Uhr, Frankenstr. 13 (Schöneberg) ☎216 26 35
U7 Eisenacher Straße

Hackbarth's (G5)

Die edlere Ausstattung und ruhige Gesprächsstimmung in dieser Café-Bar hält nicht jeden Alkoholiker aus der Nachbarschaft ab.

🕐 tägl. 9-3 Uhr, Auguststr. 49a (Mitte) ☎282 77 06
U8 Weinmeisterstraße

Harry's New York Bar (D3)

Noblesse oblige. Integriert ins Grand Hotel Esplanade gibt's hier Pianomusik und dezenten Service für die „bessere Gesellschaft".

🕐 tägl. ab 12 Uhr, Lützowufer 15 (Tiergarten) ☎26 10 11
U1,2,15 Nollendorfplatz

Intertank

Punkige Kiez-Kneipen-Bar eher düsterer Couleur. Wer Kuriositäten zu schätzen weiß, sollte einen wohlwollenden Blick auf die Cocktail-Karte riskieren!

🕐 tägl. ab 21 Uhr, Manteuffelstr. 47 (Kreuzberg) ☎611 64 81
U1 Görlitzer Bahnhof

Karakas (D/E2)

An guten Tagen muß man sich richtiggehend in diese Kellerbar hineinarbeiten, um dann nur noch Plastikblümchen zu sehen. Ob's am Getränkekampf rund um den Tresen liegt?

🕐 tägl. ab 22 Uhr, Kurfürstenstr. 9 (Tiergarten) ☎261 56 18
U1 Kurfürstenstraße

Kumpelnest (D2-E2)

Von der ehemals echten zur Szene-Animierbar mit plüschig-kitschigem Interieur. Zu später Stunde und bei steigender Partystimmung will auch der Stehplatz ergattert sein.

🕐 tägl. ab 17 Uhr, Lützowstr. 23 (Tiergarten)
☎ 261 69 18
U1 Kurfürstenstraße

Le Bar (B2)

Klassisch gepflegt und perfekt gestylt.

🕐 tägl. ab 18 Uhr, Grolmanstr. 52 (Charlottenburg)
☎ 312 87 02
S3,5,7,9 Savignyplatz

Milchbar

Besteht überwiegend aus Tresen, an dem beileibe nicht nur Milch konsumiert wird. Eher bier-gemütlich zu nennen.

🕐 tägl. ab 17 Uhr, Manteuffelstr. 41 (Kreuzberg)
☎ 611 70 06
U1 Görlitzer Bahnhof

Mo's Club (D1-2)

Beliebte Stehparty! Theoretisch kann man aber auch sitzen.

🕐 tägl. ab 21 Uhr, Winterfeldtstr. 50 (Schöneberg)
☎ 215 25 15
U1,2,15 Nollendorfplatz

Niagara (G1)

Zwar klassisch in Schwarz und Rot gehalten, hat aber mit lauschig-dezenter Pianobar rein gar nichts zu tun.

🕐 tägl. 18-5 Uhr, Gneisenaustr. 58 (Kreuzberg) ☎ 692 61 72
U7 Südstern

Oranienbar (H2)

Ob Touri, Homo, Hetero... Red Light und peppige Barkeeper brachten die kühlen Kacheln zum Schmelzen. Was aus der angepunkten Kontaktbörse für Jedermann und -frau nach Besitzerwechsel wird, bleibt abzuwarten.

🕐 tägl. ab 16 Uhr, Oranienstr. 168 (Kreuzberg) ☎ 615 68 17
U1,8 Kottbusser Tor

Quincy Jazzbar (E1)

Kleine feine Neueröffnung mit Tresen und Tischen zum Trinken und Quatschen, bisweilen mit Piano-Untermalung.

🕐 tägl. ab 20 Uhr, Yorckstr. 81 (Kreuzberg) ☎ 785 76 61
U6,7 Mehringdamm

Pinguin Club

Wilde Mischung aus echter und Pseudo-Stadtillustrität vor und hinter dem Tresen bereitet Vergnügen beim Trinken und Gukken. American Style.

🕐 tägl. 21-4 Uhr, Wartburgstr. 54 (Schöneberg) ☎ 781 30 05
U7 Eisenacher Straße

Rössli Bar (D2-1)

Geschmackvolle Geschmacklosigkeit und schräge Schöneberger Szene-Mischung.

🕐 tägl. 22-6 Uhr, Eisenacher Str. 80 (Schöneberg) ☎ 784 63 45
U7 Eisenacher Straße

Schnabelbar (H2)

Der Schnabel markiert den Eingang. Ein angenehmes Arrangement aus Bar und Dance-Club mit jeder Menge guter schwarzer Musik. Da der „Schnabel" ein meist vollgedrängter Schlauch ist, fällt man auch nach übermäßigem Tequila-Konsum nicht leicht vom Hocker.

🕐 tägl. ab 22 Uhr, Oranienstr. 31 (Kreuzberg) ☎ 615 85 34
U1,8 Kottbusser Tor

Zoulou Bar

Schöne kleine Bar mit American Touch der 30er, 40er. In angenehmer Atmosphäre entwickelt sich zu späterer Stunde wachsende Publikumsdichte.

🕐 tägl. ab 22 Uhr, Hauptstr. 4 (Schöneberg) ☎ 784 68 94
U7 Kleistpark

Zur weißen Maus (B1)

Hier regiert der edle, warme, leise Charme. Man kann hingehen, wie in die Normalkneipe um die Ecke.

🕐 tägl. ab 21 Uhr, Ludwig-Kirch-Platz 12 (Wilmersdorf)
☎ 882 22 64
U1,9 Hohenzollernplatz, Spichernstraße

Berlin spontan

Nachts im Zentrum, es ist schon fast zwölf. Zwei Herren im besten Alter, sportlich und gut gekleidet, nähern sich einem Taxistand, zögern, steigen ein. Der Fahrer blickt von seinem Buch auf: „Guten Abend?"

Die Tür schlägt zu, das Licht geht aus, einer der beiden Herren meint zögerlich: „Ähm, fahren Sie bitte erstmal da lang ... "

„Ah ja." Der Fahrer beobachtet sie im Rückspiegel. Schweigen.

Fahrgast: „Äh, sagen Sie mal, sind Sie eigentlich Berliner?"

Fahrer: „Na klaa..."

Fahrgast: „Ach so. Dann kennen Sie sich hier bestimmt ganz gut aus?"

Fahrer: „Aba sicha..."

Kunstpause – dann wieder der Fahrgast: „Dann wissen Sie doch auch bestimmt, wo hier noch was los ist?"

Mittlerweile rattern beim Fahrer längst die Hirnzellen. Sicherheitshalber noch einmal direkt gefragt: „Was los? Kommt ganz drauf an, was Sie so im Sinn haben..." An diesem Punkt ist natürlich schon alles klar. Wenn die beiden jetzt noch rumstottern („Na, mit Mädels und so") oder ihre Unsicherheit mit betonter Forschheit zu überspielen versuchen („Wo sind denn hier die Nutten") werden sie endgültig im Fach „hoffnungsloser Provinzler" abgeheftet.

Aber, unter uns, müssen solch entwürdigende Szenen überhaupt sein? Haben Sie das nötig? Der Fahrer sicher nicht, denn der kennt die Nöte seiner Kunden. Und schließlich hat Berlins Nachtleben unter Kennern einen Ruf, der erfolgreich mit Paris konkurriert. Also wenden Sie sich ruhig an den vertrauenerweckenden jungen Taxifahrer (er schreibt zwar schon an seiner Biographie, wird Sie aber kaum erwähnen):

„Guten Abend, wir sind hier fremd, und möchten gerne ... "
Tja, und hier beginnt das Problem. Haben Sie eigentlich schon eine Vorstellung davon, was Sie möchten?

Berlin bietet vom billigen Straßenstrich, über obskure Filmbars in Arbeitervierteln, diskrete Etablissements in gutbürgerlichen Gegenden, bis hin zu anspruchsvollen Clubs mit niveauvoller Unterhaltung jede Art erotischer Dienstleistung.

Wenn Sie sich in Unkenntnis der örtlichen Gegebenheiten also an einen Taxifahrer wenden, so sollten Sie sich darüber im klaren sein, daß er keine Gedanken lesen kann. Sagen Sie nur gerade heraus, was Sie sich vorstellen. So sind die Voraussetzungen geschaffen, daß Sie von der Empfehlung, die Sie erhalten, nicht enttäuscht werden. Es ist für jeden was dabei.

Die Etablissements

La Vie en Rose (C2)

Ursprünglich ein Travestie-Theater. Revuen mit Künstlern der internationalen Spitzenklasse und häufigen Gastspielen. Die Shows beginnen um 22 Uhr.

Eintritt DM 25 plus DM 35 (ein Gedeck)
🕐 ab 21.30 Uhr, Mo geschlossen
Europacenter, Tauentzienstraße (neben der Gedächtniskirche
☎ 323 60 06)
U1,2,3 Kurfürstendamm, Wittenbergplatz

Chez Nous (C2)

Einer der ersten Nachtclubs, die Travestie-Shows brachten – lange bevor sie modern wurden. Immer noch eine sehr gute Adresse.

Eintritt DM 10, Verzehr ab DM 20
🕐 19.30 - 4.00 Uhr
Marburger Straße 14 (Charlottenburg) ☎ 213 18 10
U1,2,15 Kurfürstendamm, Wittenbergplatz

Scotch Club (C2)

Das älteste Haus dieser Art. Bar-Atmosphäre, Frauen, Musik, Drinks und Strip-Einlagen. Gediegen und reell.

Getränke ab DM 15
🕐 ab 21.30 Uhr, So geschlossen
Marburger Straße 15 (Charlottenburg) ☎ 211 41 52
U1,2,15 Kurfürstendamm, Wittenbergplatz

Dorette (B1-2)

Routinierte Strips bei bewußt schummriger Atmosphäre, wie man sie von Nachtclubs erwartet. Seiner Lage entsprechend vorwiegend touristisches Publikum.

🕐 21-5 Uhr, Fasanenstraße 74 (Charlottenburg)
☎ 881 49 80
U15 Kurfürstendamm, Uhlandstraße

Bel Ami

Etwas außerhalb gelegen, korrespondiert der Stil mit der exklusiven Wohngegend. Absolut vornehm, sorgfältig geführt. Die Gäste sind in erster Linie Geschäftsleute.

🕐 20-4 Uhr,
Reichssportfeldstraße
14 (Charlottenbg.)
☎ 304 47 12
Bus 149, 218

King George

Exklusive Shows verschiedener Art. Gepflegtes Haus mit gutem Ruf, der in langen Jahren erworben wurde. Unaufdringliche Atmosphäre.

Eintritt/Verzehr ab DM 25
🕐 20-5 Uhr, So geschlossen, Grunewaldstraße 23
☎ 24 20 38
U7 Eisenacher Straße

Sommernachtstraum im Tacheles

Die Straßen

Möglicherweise sind Sie aber auch mit dem Auto unterwegs, vorzugsweise dem Produkt einer schwäbischen Luxusschmiede mit komfortablen Liegesitzen, oder gar einem gutausgestatteten Wohnmobil? Damit ergeben sich andere Möglichkeiten.

Ku'damm (A-C2)

In den späteren Abendstunden stehen reizende junge Damen, nicht allzu aufdringlich gewandet, vor den Schaufenstern, eher am innerstädtischen Ende. Aggressive Anmache unterbleibt – das Stadtbild wird hier von den Geschäften und Restaurants bestimmt. Folgt einem ersten Blickkontakt ein einladendes Lächeln, so können Sie einigermaßen sicher sein, nicht an eine Touristin aus Böblingen geraten zu sein.

Ku'damm-Seitenstraßen (A2-C2)

In den Seitenstraßen des Ku'damms ist es schon ein bißchen schwieriger, selber etwas zu finden. Hier residieren eine Menge kleine Privatclubs, die manchmal nur durch ein Messingschild am Klingelbrett auf sich aufmerksam machen, manchmal nicht einmal das. Hier ist man gut beraten, wenn man sich zur Orientierung an den anfangs beschriebenen Taxifahrer wendet. Machen Sie aber ruhig deutlich, was Sie wünschen, damit er Sie nicht versehentlich in eine teure Night-Bar befördert. In den Seitenstraßen zwischen Ku'damm und Lietzenburger Straße, auch auf der Lietzenburger Straße selbst, finden Sie die gehobenen Clubs mit Show-Programmen. Striptease und Erotic-Shows, die, wie es in der Werbung mit professioneller Banalität heißt, „keine Wünsche offenlassen", bieten Unterhaltung mit Niveau. Auf der Lietzenburger Straße geht es eine Spur greller zu, was aber nicht viel zu sagen hat. Auch Schlepper vor den Türen sind nicht unbedingt ein Indiz für Touristen-Nep.

Straße des 17. Juni (B3-F4)

Die Straße des 17. Juni, eine breite Durchgangsstraße, führt mitten durch den Tiergarten. Diese Straße ist mit der älteste und etablierteste Autostrich, wo sich der schnelle Gast seine Wünsche rasch, schnörkellos und zu festen Preisen erfüllen kann.

Oranienburger Straße (F/G5)

Die kontaktfreudigen jungen Damen des Straßenrandes waren die ersten, die, unmittelbar nach der Wende, dieser Straße zur sprühendsten, lebendigsten Meile von Berlin verhalfen. Ein Outfit wie eine Leuchtreklame, zu dem der Tanga ein unverzichtbares Element bildet, machen auch bei der schummrigen Straßenbeleuchtung klar, worum es hier geht. Tempo 30 wird nicht von den aufgestellten Schildern bestimmt, sondern von den Männern am Lenkrad. Hupen Sie bitte nicht, wenn Sie es eilig haben – die Reaktion könnte möglicherweise spontaner ausfallen als in anderen Gegenden. Auch was zum Gucken für Unbeteiligte.

Die Außenbezirke

In den Vorstädten gibt es kleinere Etablissements für den weniger anspruchsvollen Geschmack. Sie sind meistens nicht zu übersehen, das traditionelle Rotlicht weist den Weg. Attribute wie „Filmkino" sind allerdings kein Hinweis für Cineasten, und auch eine Tür mit der Aufschrift „Thai-Bar" sollte man nicht öffnen, wenn man auf der Suche nach fernöstlicher Küche ist. Ausstattung und Angebot sind beinahe identisch, lediglich das Publikum ist mal mehr, mal weniger proletarisch. Am besten läßt man sich von einem Bekannten begleiten und einführen, obwohl der Taxifahrer meistens auch solche Plätze kennt.

Die Hotels

Jeder hat schon einmal davon gehört, daß der Nachtportier über Kontakte verfügt, mittels derer er Gäste mit erotischen Dienstleistungen versorgen kann. Da sollte man allerdings ein bißchen vorsichtig sein. Kein seriöses Hotel sieht es gerne, wenn die Damen des horizontalen Gewerbes durch das Foyer flanieren. Dergleichen wird oft rigoros unterbunden, wenn es bemerkt wird. So mag zwar mancher Angestellte versucht sein, sein Gehalt durch Vermittlerdienste aufzubessern, doch wird er beim kleinsten Verdacht nicht nur seinen Job verlieren, sondern auch jede weitere Anstellung in dieser Branche einbüßen. Dies dämpft die Bereitschaft zu solchen Hilfeleistungen doch ein wenig, zumal man sich auf die Diskretion der Gäste nicht immer verlassen kann.

Berlin spontan

Anhang

Nützliche Nummern

Notdienste

Ärztlicher Notdienst	☎ 31 00 31
Apotheken Notdienst	☎ 011 41
Tierärztlicher Notdienst	☎ 011 41
Zahnärztlicher Notdienst	☎ 011 41
Omnibusbahnhof Funkturm	☎ 301 80 28
Polizei	☎ 110
Rettungsdienst, DRK	☎ 85 00 55
Feuerwehr	☎ 112
Giftnotruf	☎ 302 30 22 oder
	☎ 966 94 18 oder
	☎ 965 33 53
	<926 94 18>
	< 925 33 53>

AIDS-Hilfe

Nationales AIDS-Zentrum	☎ 25 00 94-0
AIDS-Forum e.V.	☎ 39 67 505 oder
	☎ 39 67 801
AIDS-Telefon im Landesinstitut für Tropenmedizin	☎ 27 46-0
Berliner AIDS-Hilfe e.V. Beratung Tag und Nacht, Büro: Meinekestr. 12, 10719 Berlin	☎ 19 411
Café Posithiv Großgörschenstr. 7, 10827 Berlin	☎ 78 20 354
Charité, HIV-Ambulanz	☎ 28 02-22 94
Deutsche A.I.D.S.-Hilfe e.V. Beratung:	☎ 26 46 539 ☎ 19 411
Aids Danisma Merkezi, AIDS-Beratung für Mitbürger aus der Türkei	☎ 615 32 32

Behinderte

**Fahrdienst für Behinderte,
Telebus-Zentrale**   ☎ 478 82-0

Rollstuhlverleih   ☎ 341 17 97
(kostenlos, rund um die Uhr,
Vorbestellung möglich)

Flugauskunft

Flughafen Schönefeld   ☎ 60 91-0

Flughafen Tempelhof   ☎ 69 51-22 88

Flughafen Tegel   ☎ 41 01-1

Frauen

Fraueninfothek   ☎ 282 39 80 oder
          ☎ 208 53 64

Dircksenstr. 47, 10178

Frauenhausladen   ☎ 391 49 47 oder
          ☎ 393 10 97

Frauenhotel artemisia   ☎ 87 89 05
Brandenburgische Str. 18 (Wilmersdorf)   <87 38 905> oder
          ☎ 87 63 73
          <873 63 73>

Frauenkrisentelefon   ☎ 615 42 43
🕐 Mo, Do 10-12, Di, Mi, Fr 19-21, Sa,
So 17-19 Uhr,

Frauen in Krisensituationen   ☎ 588 95 64

Fundbüro

BVG-Fundbüro   ☎ 751 80 21
Lorenzweg 5,
🕐 Mo, Di, Do 9-15, Mi 9-18, Fr 9-14 Uhr,

Fundbüro Deutsche Bahn AG,   ☎ 297-2 16 71
Bf.Hackescher Markt
🕐 Mo, Mi , Do 10-16, Di 10-1 8, Fr 8-12 Uhr,

Zentrales Fundbüro   ☎ 699-0
Platz der Luftbrücke 6

Zentrale Fundstelle Postdienst   ☎ 268-31 64
Luckenwalder Str. 4-6

Jugendliche

Jugendnotdienst   ☎ 483 39 31 10
Beratung, Hilfe, Übernachtung Rund
um die Uhr,
Tschaikowskystr. 13, Berlin-Pankow,

**Kostenlose Telefonberatung für
Jugendliche in Not**   ☎ 0130-86 52 52

Kinder

Kindernotdienst   ☎ 61 006-1

Kinderschutzzentrum
Krisentelefon   ☎ 11 103
🕐 tägl. 9-20 Uhr

Mädchen

Mädchennotdienst   ☎ 482 40 23

**Autonomes Mädchenhaus
(Zuflucht)**   ☎ 792 04 88

Männer

Schwulenberatung   ☎ 215 90 00 oder
   ☎ 215 37 42

Schwulenzentrum rosa Winkel   ☎ 694 10 77
Hasenheide 54

Schwules Überfalltelefon   ☎ 216 33 36
🕐 tägl. 18-21, Sa 18-04 Uhr

Tom's House – Hotel Pension   ☎ 218 55 44
Eisenacher Str. 10 (Schöneberg)

Mitfahrzentralen

Mitfahrzentrale ADM   ☎ 216 60 21 oder
   ☎ 614 10 61

Mitfahrzentrale Citynetz
4x in Berlin
☎ Sammel1 94 44

Mitfahrzentrale im U-Bhf Alex
☎ 241 58 20

Mitfahrzentrale im U-Bhf. Zoo
☎ 31 03 31

Mitfahrzentrale für Lesben und Schwule
🕐 Mo-Fr 8-20, Sa,So 10-20 Uhr
Yorckstr. 52 (Schöneberg)
☎ 216 40 20

Mitwohnzentralen

Mitwohnzentrale am Mehringdamm
☎ 786 60 02 oder
☎ 786 20 03

Mitwohncentrale
☎ 324 30 31

Mitwohnzentrale W.Eisenbach
🕐 Mo-Fr 10-19, Sa 10-15 Uhr
☎ 216 96 90

Mitwohncentrale am Ku`damm-Eck
☎ 1 94 45

Suchtgefährdung

Drogennotdienst Tag + Nacht
☎ 1 92 37

Drogenberatung für Frauen
☎ 455 20 93 oder
☎ 455 20 94

Notdienst für Suchtmittelgefährdete und -abhängige Berlin e.V.
☎ 218 31 70 oder
☎ 781 70 17 oder
☎ 215 78 20

Suchtberatungsstelle
☎ 657 29 76

Telefonseelsorge Berlin
☎ 111 01

Telefonseelsorge kirchl.
☎ 111 02

Touristeninformation

Bahnhof Zoologischer Garten
☎ 279 52 09

Europa-Center
🕐 Mo-Sa 8-22.30, So 9-21 Uhr,
☎ 262 60 31

Bahnhof Zoo   ☎ 313 90 63
🕐 Mo-Sa 8-23 Uhr

Flughafen Tegel   ☎ 41 01-31 45
🕐 tägl. 8-23 Uhr

Martin-Luther-Straße 105   ☎ 21 23-4

Vergewaltigung

Frauenraum   ☎ 208 92 96
Beratung & Treffpunkt für Frauen in
Konflikt- und Gewaltsituationen
Granseer Str. 8
🕐 Di 12-18, Do 9-15, Fr 11-14 Uhr

**Notruf und Beratung für
vergewaltigte Frauen**   ☎ 251 28 28

Weißer Ring   ☎ 833 70 60

Verkehr

ACE Pannenhilfe   ☎ 1 92 16

ADAC Pannenhilfe   ☎ 01802/22 22 22
Information und Beratung   ☎ 8 68 60 und
    ☎ 01805/10 11 12

**ADFC Lobby und Hilfe für
Radfahrer**   ☎ 20 84 302

Weitere Nummern

Alkoholkranken-Beratung   ☎ 34 80 09-0

Arbeitslosen-Zentrum BALZ   ☎ 395 36 38

**Babysitter-Vermittlung
Baby-Watch**   ☎ 345 34 42

Bahnhofsmission (ev.+ kath.)   ☎ 313 80 88
Zoologischer Garten

BVG-Kundendienst   ☎ 752 70 20
tägl. 6-23 Uhr

**Deutsche Bahn AG
Reiseauskunft**   ☎ 27 80-0,
    ☎ <19 419>

Kartenvorverkauf

Konzerte, Theater und Veranstaltungen

**Theater & Konzertkasse
BERLINER MORGENPOST** ☎ 882 65 63
City Center, (Charlottenburg)
Kurfürstendamm 16

**Theater- und
Veranstaltungsservic** ☎ 882 49 41
Lietzenburger Str. 80 (Wilmersdorf)

Theaterkarten-Service Taks ☎ 341 02 03
Behaim Str. 4 (Charlottenburg)

Theaterkasse abida ☎ 853 20 44
Detmolder Str. 65 (Wilmersdorf)

Theaterkasse Centrum ☎ 882 76 11
Meinekestr. 25 (Charlottenburg)

Theaterkasse Europa-Center ☎ 261 70 51

**Theaterkasse Studio des
Berliner Rundfunks** ☎ 238 41 84
Leipziger Str. 62 (Mitte)

**Theaterkassen SHOWTIME
SFB Pavillon** ☎ 302 50 54
Theodor-Heuss-Platz
(Charlottenburg)

Karstatt **Kreuzberg** ☎ 687 40 00
Hermannplatz

Wedding ☎ 461 20 20
Müllerstraße

Steglitz ☎ 792 28 00
Schloßstraße

Tempelhof ☎ 751 00 36
Tempelhofer Damm

Tegel ☎ 434 60 61
Berliner Straße

KaDeWe ☎ 217 77 54
Kurfürstendamm

Wertheim	**Kurfürstendamm**	☎ 882 25 00
	Schloßstraße **(Steglitz)**	☎ 793 57 47
Hertie	**Neukölln** Karl-Marx-Straße	☎ 687 60 71
	Spandau Carl-Schurz-Straße	☎ 333 80 11
	Charlottenburg Wilmersdorfer Straße	☎ 313 17 37

Lastminute-Angebote

Karten von heute –
Rita Kurzbach ☎ 229 17 50 oder
  ☎ 465 73 26

Bahnhof Friedrichstraße (Mitte)

Hekticket ☎ 242 67 09
🕐 tägl. ab 16 Uhr
Rathausstr. 1 (am Alexanderpla~~

Anhang

Übernachtungen

Jugendhäuser und -herbergen

Deutsches Jugendherbergswerk ☎ 262 23 024
🕐 Mo, Mi, Fr 10-15, Di, Do 14-17.30 Uhr
Tempelhofer Ufer 32 (Kreuzberg)

Jugendherberge „Ernst Reuter" ☎ 404 16 10
Hermsdorfer Damm 48-50
(Hermsdorf)

Jugendgästehaus „Berlin" ☎ 261 10 97
Kluckstr. 3 (Tiergarten)

Jugendgästehaus am Wannsee ☎ 803 20 34
Badeweg 1 (Nikolassee)

Jugendgästehaus am Zoo ☎ 312 94 10
Hardenbergstr. 9a

Jugendgästehaus Central ☎ 87 01 88
Nikolsburger Str. 2-4 (Wilmersdorf)

Jugendhotel ☎ 322 10 11
Kaiserdamm 3 (Charlottenburg)

Jugenddorf Haus Wichern
(Jugendgästehaus) ☎ 395 40 72
Waldenserstr. 31 (Tiergarten)

Studentenhotel Hubertusallee ☎ 891 97 18
🕐 März-Okt.
Delbrückenstr. 24 (Wilmersdorf)

Gästehaus der Fürst-
Donnersmarck-Stiftung ☎ 40 69-0
(behindertengerecht)
Wildkanzelweg 28 (Reinickendorf)

Hotels und Pensionen

Preise EZ zw. DM 50,- und 70,-, Mehrbettz. DM 70,- bis 110,-

Charlottenburg
    Pension Fischer ☎ 218 68 08
    Nürnberger Str. 24a

    Hotel-Pension Cortina ☎ 313 90 59
    Kantstr. 140

Hotel Charlot am Ku'damm
Giesebrechtstr. 17
☎ 323 40 51 / 52

Kreuzberg

Hotel zur Reichspost
Urbanstr. 84
☎ 691 10 35

Neukölln

Pension Helga
Formerweg 19
☎ 662 10 10

Wilmersdorf

Hotel-Pension Trautenau
Trautenaustr. 14
☎ 861 35 14

Campingplätze

(alle Campingplätze sind ganzjährig geöffnet)

Zeltplatz in Kladow
Krampnitzer Weg 111-117 (Spandau)
☎ 365 27 97

Haselhorst
Pulvermühlenweg (Spandau)
☎ 334 59 55

Dreilinden
Albrechts Teerofen (Wannsee)
☎ 805 12 01

Zeuthener See
☎ 675 82 49

Kohlhasenbrück
Neue Kreis Str. 36 (Wannsee)
☎ 805 17 37

Kleinmachnow
Bäkehang 9a (Dreilinden)
☎ 03328/ 479 68 68

Campingplatz am Krossingsee
Wernsdorfer Str. 45 (Schmöckwitz)
☎ 675 86 87

Weitere Auskünfte und Platzreservierungen für Gruppen über:

Deutscher Camping Club e.V.
Geisbergstr. 11 (Schöneberg)
☎ 218 60 71

Stichwortverzeichnis

A

A Trane 142
Abendmahl 136
Abraxas 169
Acker-Café 112
Acud 143
Adler, Café 90
Aedes, Café 22
Ägyptisches Museum 84
AIDS 186
AIDS-Hilfe 186
Aikido 39
Aikido UFA-Fabrik 39
al gatta 90
Alabama 143
Albatros 77
Alibi, Café 91
Alte TU-Mensa 143
Altes Museum 84
Am Arsenal, Café 93
Am Heinrichsplatz, Café 91
American Football 40
Amun 136
Anal, Café 113
Anderes Ufer 112
Andreas' Kneipe 113
Anfall, Café 91
Angeln 40
Anselmo 78
Antikenmuseum 84
Arcanoa 143, 175
Arche Noah 136
Aroma 136
Arsenal 106
artemisia, Frauenhotel 187
Aschinger 78
Asia-Quick 79
Atlantic, Café 22, 91
Au lait, Café 91
Ausleihen 73, 76
Austria 136
Autorent 77
Autos 76
Avanti 79
A.I.D.S.-Hilfe e.V., Deutsche 186

B

Babylon A & B 107
Babylon Mitte 107
Badenscher Hof 143
Badminton 40
Bahnengolfzentrum Marienfelde 68
Bahrdt 77
Ballonfahren 41
Bamberger Reiter 137
Bar am Lützowplatz 175
Bar Centrale 176
Bar jeder Vernunft 166
Bars 175
Basketball 41
Bauhaus-Archiv 84
Bauspielplatz Jungfernheide 70
Bauspielplatz Pionierstraße 72
Begine 113
Behindertensport 42
Behinderte, Nützliche Nummern 187
Bel Ami 182
Belmundo, Café 92
Berio, Café 92
Berlin Ballooning 41
Berlin Bar 176
Berlin by bike 49
Berlinische Galerie 87
Berlin-Ticket 19
Berolina 77
Bertolt-Brecht-Theater 159
Beth, Café 92
Bezirk
  Charlottenburg 11
  Friedrichshain 13
  Köpenick 15
  Kreuzberg 12
  Mitte 9
  Neukölln 14
  Prenzlauer Berg 14
  Schöneberg 11
  SO 36 12
  Spandau 15
  Wilmersdorf 11
Big Eden 169
Billard 43
Billard International 43
biz-Café 113
BKA 153, 166
BKA im Zelt 166
Blub-Badeparadies 53
Blub-Fitness-Club 50
Blue Note 169, 176
Blues Café 144
Boccia 69
Böcklerpark, Statthaus 151
Bodemuseum 85
Bogenschießen 44
Bombay Palast 137
Boogaloo 169
Bootsverleih 45
Bootsverleih Lüders 45

Stichwortverzeichnis

Borriquito 137
Börse 107
Bovril 79
Bowl & Kegel - Center 44
Bowling 44
Bowling am Studio 45
Brandenburg 37
Brandenburgisch-Havelländische Burg-
    tage 101
Brechthaus, Kellerrestaurant 138
Broadway 107
Bronx 169
Brooklyn 80
Bundschuh 134
BVG 16
BVG-Fundbüro 21
BVG-Kundendienst 21
BVG-Kundenzentrum 21
BVG-Pavillon 21

C

Café 186
    Adler 90
    Aedes 22
    Alibi 91
    am Arsenal 93
    am Heinrichplatz 91
    Anal 113
    Anfall 91
    Atlantic 22, 91
    au lait 91
    Belmundo 92
    Berio 92
    Beth 92
    Carrousel 80
    Chaos 93
    Chausseestraße No. 130 80
    Cinema 93
    Crell 23
    Cytber Space 99
    Ecke Schönhauser 114
    Einstein 93
    Eisenwerk 23, 93
    Endlich 92
    Hardenberg 94
    Ici 94
    Jenseits 23, 94
    Klassik 94
    Kranzler 94
    Lux 24
    M 95, 96
    Maschine 95
    Milagro 95
    Möhring 95
    Mondschein 114
    Mora 24
    Morena 92
    Off Time 95

    Orange 96
    PositHIV 114
    PositHiv 186
    Rampenlicht 93
    Savarin 96
    Savigny 96, 114
    Savo 25
    Schliemann 97
    Schwarz Sauer 92
    Seidenfaden 114
    Silberstein 97
    Stresemann 25
    Swing 97, 144
    Tomasa 25, 97
    Übersee 97
    V 97
    Vierlinden 98
    Voltaire 25, 98
    Westphal 98
    Wirtschaftswunder 99
    XenziXenzi, Café 99
    Zapata 99
Cafés 90
Campingplätze 194
Caputh 37
Carioca 22
Casa 144
Cave 114
CC 93
Chamäleon Varieté 166
Chaos, Café 93
Charité, HIV-Ambulanz 186
Charlottenburg, Bezirk 11
Charlottenburg, Schloß 89
Charlottenburg, Schloßpark 26
Checkpoint Charlie 86
Checkpoint Charlie, Haus am 86
Chez Nous 181
Christopher Street Day 101
Cinema, Café 93
Classic Bike 77
Classic Rent 60
Cocktailbar Fôgo 176
Connection Café 115
Connection Disco 115
Crell, Café 23
CW 99
Cyber Space, Café 99

D

Dacor Dive Center 67
Dahlemer Museen 85
Dandy-Club 115
Darts 46
Delicious Doughnuts 170
Delphi 107

Stichwortverzeichnis

Deutsch-Amerikanisches Volksfest 102
Deutsche Oper Berlin 156
Deutsches Historisches Museum 85
Deutsches Theater 159
Deutsch-Französisches Volksfest 102
Deutschlandhalle 144
Die Busche 115
Die Halle 144
Die Insel 144
Die 2 115
Diener 134
Dietrich Herz 81
Dinelo 115
Diskotheken 168
Distel 164
Doppelfenster 116
Dorette 182
Drachen 46
Drehorgelfest in Köpenik 102
Dschungel 170
Dunckerclub 144, 170

E

East Side Gallery 85
Ecke Schönhauser, Café 114
Eierschale 145
Einkaufen 73
Einkaufsstraßen 73
Einstein, Café 93
Einzelfahrschein 18
Eisenwerk, Café 23, 93
Eissport 47
Eissporthalle 47
El Barrio 145
El Tucan 145
Endlich, Café 92
Erlebnisflugplatz Fehrbellin 63
Ermäßigungsfahrschein 19
Etablissements 181
EWA 111
EWA-Café 116
E-Werk 171
Ex 145
Ex 'n Pop 177

F

Fahrkarte 18
Fahrräder 77
Fahrrad-Mietzner 77
Fahrradverleih 48
Fallschirmspringen 51
Familien-Tageskarte 19
Far out 171

Fehrbelliner Platz 76
Fernsehturm 31
Festwochen 103
Feuerrotes Spielmobil 71
FEZ 64, 70
Filmfestspiele 101
Filmpalast 108
Fischlabor 177
Fitness 49
Flipflop 116
Flohmärkte 74
Flöz 145
Flugauskunft 187
Fôgo, Coctailbar 176
Football 40
Fou Na Na 171
Franz-Club 146, 171
Franzmann 134
Französischer Dom 32
Frauenhotel artemisia 187
Fraueninfothek 111
Frauensport 53
Frauen, Nützliche Nummern 187
Freibäder 52
Freiluftkino Hasenheide 108
Freizeit- und Erholungszentrum Wuhlhei-
   de (FEZ) 70
Freizeithaus Regenbogen 70
Freizeitpark des SEZ 69
Freizeitsportkalender 38
Friedrichshain, Bezirk 13
Friedrichshain, Volkspark 27
Friedrichstadtpalast 159
Frühlingsfest auf der Hasenheide 101
Frühstücken 22
FTL 77
Fundbüro 187
Funkturm 30
Fußball 54

G

Gauklerfest 103
Gay-T-Dance 116
Gemäldegalerie 86
Globus 171
Glockenturm 31
Golden Girls 116
Golf 55
Golfklub Prenden 55
Golgatha 172
Gorgonzola Club 137
Graefitti 23
Grips 160

Stichwortverzeichnis

Großbeerenkeller 135
Grunewald 28
Grunewaldturm 31

H

Habibi 80
Hackbarth's 177
Hackesches Hof-Theater 163
Hafen 117
Halensee 52
Halfpipe 65
Hallenbäder 55
Hard Rock Café 80
Hardenberg, Café 94
Hardtke 80
Harry's New York Bar 177
Hasenheide 27
Haus am Checkpoint Charlie 86
Haus der Kulturen der Welt 146
Hausnummer 8
Havel 36
Havelland-Halle 65
Hebbel-Theater 163
Heimatklänge 103
Heinrich 135
Highlander 146
Historisches Museum, Deutsches 85
HIV-Ambulanz, Charité 186
Hotels 193
House of Music 146
Huxley's Junior 146
Huxley's Neue Welt 146

I

Ici, Café 94
Im Eimer 147
Informationszentrum „Städtischer Nahverkehr" 21
Insel 144
Inside 23
Institut G. Walter 39
International 108
Intertank 177
Irish Pub 46
Istanbul 137

J

Jagdschloß Grunewald 154
Jazzfest 103
Jenseits, Café 23, 94
Jimmy's Diner 138
Jolesch 138

Jopp 54
Jüdisches Museum 87
Judo 56
Jugendliche, Nützliche Nummern 188
Jugendzentrum 153 71
Junction Bar 147

K

Kabarett 164
Kabarett Anstalt, Berliner (BKA) 153
KAMA 163
Kammermusiksaal der Philharmonie 154
Kammersaal Friedenau 155
Kammerspiele 159
Kanu 57
Kanu-Connection 57
Karakas 177
Karate 56
Kartenvorverkauf 191
Kartoon 165
Katschkol 138
Kaufhaus des Westens 73
Kegeln 58
Kellerkino 109
Kellerrestaurant im Brecht-Haus 138
Kelzin 37
Kinderbauernhof Mauerplatz 71
Kinder-Pallast 72
Kinderspielplätze 70
Kinder, Nützliche Nummern 188
King George 182
Kino 105
  Arsenal 106
  Babylon A & B 107
  Babylon Mitte 107
  Börse 107
  Delphi 107
  Filmpalast 108
  Freiluftkino Hasenheide 108
  Kellerkino 109
  Marmorhaus 109
  Movimento 109
  New York 110
  Notausgang 109
  Odeon 109
  Passage 110
  UFO 110
  Waldbühne 110
  Yorck 110
  Zoo-Palast 110
Kinomuseum 109
Klassik, Café 94
Kleisther 23
Klettern 58
Knaack 172

Stichwortverzeichnis

Knaack-Club 147
Knast 117
Kneipen 122
Kolle 37 72
Komische Oper Berlin 155
Kommödchen 163
Kommunikations- und Beratungszentrum homosexueller Männer und Frauen 112
Konnopke 81
Konzerthaus am Gendarmenmarkt 157
Konzertsaal der Hochschule der Künste 155
Kopenhagen 138
Köpenick, Bezirk 15
Kranzler, Café 94
Krempelmarkt Alte Jacobstraße 75
Kreuzberg 31
Kreuzberger Festliche Tage 103
Kreuzberg, Bezirk 12
KulturBrauerei 148
Kulturen der Welt, Haus der 146
Kumpelnest 178
Kurzstrecke 18
Ku'damm 73
K.d.W. 147
K.O.B. 147

L

La Vie en Rose 181
Langer Lulatsch 30
Latino America 148
Laufen 59
Le Bar 178
Lichtenrade 76
Lindenfest 103
Lindenufer Spandau 35
Lipstick 117
Loft 148
Lohmeyer's 148
Lothar und Ich 24, 81
Love parade 104
Lucky Strike Originals 148
Lucky's Pizzeria 139
Lumpensammler 16
Lux, Café 24

M

Mädchen, Nützliche Nummern 188
Madow 172
Mafalda 139
Mannege 112
Männer, Nützliche Nummern 188

Mann-O-Meter 112
Maredo 81
Marmorhaus 109
Marquee 148, 172
Martin Gropius-Bau 87
Maschine, Café 95
Max und Moritz 135
Maxim Gorki Theater 161
Mediencafé Strada 100
Mehringhof Theater 166
Meilenstein 24
Meineke 135
Memory 24
Merhaba 139
Merryland, Musikcafé 24
Metropol 149, 172
Metropol-Theater 161
Milagro, Café 95
Milchbar 178
Mingus-Club 173
Ming's Garden 139
Miniaturgolfplatz am Grunewaldturm 68
Minigolf 68
Mitfahrzentralen 188
mitNichten 116
Mitte, Bezirk 9
Mitwohnzentralen 189
Möhring, Café 95
Mondschein, Café 114
Monte Video 24
Mora, Café 24
Morena, Café 92
Motorräder 77
Motorradverleih 60
Moviemento 109
Mo's Club 178
Müggelsee 35
Müggelseebad 52
Münchner Lach- und Schießgesellschaft 163
Museen 83
Museum für Gestaltung 84
Museum für Verkehr und Technik 88
Museumsinsel 84, 85, 88, 89
Musikcafé Merryland 24
Musikinstrumenten-Museum 155
M, Café 95

N

Nachtigall-Imbiß 81
Nachtlinie 16
Nationales AIDS-Zentrum 186
Nationalgalerie 88

Stichwortverzeichnis

Nationalgalerie, Neue 88
Nautilus 50
Neue Nationalgalerie 88
Neuer See 26
Neukölln, Bezirk 14
New Yorck 110
Niagara 149, 178
Nikolaikirche 89
Nippon 56
Noodle-Company 139
Notausgang 109
Notdienste 186
No.1 140
Nützliche Nummern 186

O

Odeon 109
Off Time, Café 95
Off-Bühne 163
Offenbach-Stuben 135
Olympia-Schwimmstadion 52
Operncafé 100
Oper, Deutsche 156
Orange, Café 96
Oranienbar 178
Oren 139
Orpheuo 173
Oscar Wilde 149
Osteria No.1 140
OttoCar 77

P

Palastufer 34
Paracelsusbad 56
Parkhaus 149
Passage 110
Pasternak 140
Pauli 71
Pedalpower 48
Pensionen 193
Pergamon-Museum 89
Pfaueninsel 29
Pfefferberg 149
Pferderennen 61
Philharmonie 156
Piccola Musica 82
Pinguin Club 179
Pleasure Dome 173
Podewil 149
PositHIV, Café 114
Pour Elle 117
Prenzlauer Berg 13
Prenzlauer Berg, Bezirk 14

Preußenhof 62
Prinzenstraße, Sommerbad 52

Q

Quasimodo 100, 149
Quincy Jazzbar 179

R

Radverleih „Ostrad" 77
Rampenlicht, Café 93
Rani 82
Reedereien 33
Reederverband e.V. 33
Reiten 62
Reitverein Berlin e.V. 62
Rennverein Hoppegarten 61
Restauration 1900 140
Rizz 100
Rollschuhlaufen 68
Ronny's Motorradverleih 60
Rosengarten 26
Roses 118
Rössli Bar 179
Rundfahrt 35
Rundflüge 63

S

Salsa 150
Sammelkarte 18
Satori 50
Sauna 63
Saunabad im BBZ 64
Savarin, Café 96
Savigny, Café 96, 114
Savo, Café 25
Schall und Rauch 118
Schaubühne 161
Schauspielhaus Berlin 157
Schliemann, Café 97
Schloß Charlottenburg 89
Schloßpark Charlottenburg 26
Schlot 150
Schmalzstulle 82
Schnabelbar 173, 179
Schoko-Café 118
Schokofabrik 53, 112
Schöneberg, Bezirk 11
Schoppenstube 118
Schule für Bewegung und Meditation 39
Schwarz Sauer, Café 92
Schwarzes Café 25, 100
Schwarzfahren 17

Stichwortverzeichnis

Schwielowsee 37
Schwimmhalle im Sportforum Berlin 56
Schwimmschule 64
Scotch Club 182
Seidenfaden, Café 114
Senatsverwaltung für Jugend und Familie 72
SEZ 47, 55, 65, 68
Shannon 150
Shell 82
Shimrock 46
Siegessäule 30
Silberstein, Café 97
Skateboard 64
Skifahren 65
Snooker 43
SO 36 150, 174
SO 36, Bezirk 12
Sommerbad Prinzenstraße 52
Sonderfahrten 37
Sophienclub 174
Spandau 76
Spandauer Schleuse 36
Spandauer Zitadelle 36
Spandau, Bezirk 15
Spielmobil 72
Spielmobil Kreuzberg 71
Spielplätze für Jung und Alt 68
Sport 38
Sport- und Erholungszentrum 47, 55, 68
Sport- und Lehrschwimmhalle Schöneberg 56
Sportkegelhalle am Anhalter 58
Sportoase 41
Sporttreff Hasenheide 40
Spreewaldbad Kreuzberg 56
Squash 65
Staatsoper Unter den Linden 157
Stachelschweine 163
Stadtbad Krumme Straße 55
Stadtmitte-Rundfahrt 35
Statthaus Böcklerpark 151
Steglitz Schloßstraße 74
Stempeln 20
Stern und Kreis Schiffahrt 33
Storch 140
Strada, Mediencafé 100
Strandbad Wannsee 52
Strandbaude 46
Straße des 17. Juni 74
Straßenstrich 183
Stresemann, Café 25
Suchtgefährdung, Nützliche Nummern 189

Swing, Café 97, 144

T

Taba 140
Tacheles 151
Tacheles Theater 164
Take-off-Fallschirmsport 51
Tarifsystem 18
Tauchen 66
Tauch-Profi 67
Tauentzien 73
Tegeler See 34, 36
Tele-Café 31
Telespargel 31
Templiner See 37
Tempodrom 151, 167
Tennis 65
Tennis+Squash-City 65
Terzo Mondo 140
Teufelsberg 29, 32
Teufelssee 29
Theater 158
Theater des Westens 161
Theater- und Probensaal der Hochschule der Künste 155
Theatertreffen 104
Thermen 63
Thürnagel 141
Tiergarten 26
Tomasa, Café 25, 97
Touristeninformation 189
Trabrennbahn Mariendorf 61
Tränenpalast 151
Trash 174
Treptower Park 28, 34
Tres Kilos 141
Tresor 171
Tuk Tuk 141
TU-Mensa, Alte 143
Turbine 174

U

Übernachtungen 193
Übersee, Café 97
UFA-Fabrik 151
UFA-Fabrik, Aikido 39
UFO 110
Umland 36
Umweltkarte 20

V

Vagantenbühne 162

Stichwortverzeichnis

VBB 16
Vergewaltigungn Nützliche Nummern 190
Verkehr und Technik, Museum für 88
Verkehr, Nützliche Nummern 190
Vierlinden, Café 98
Viktoriapark 26
Villa Kreuzberg 70, 152
Völkerkundemuseum 89
Volksbühne 162
Volkspark Friedrichshain 27
Volleyball 67
Voltaire, Café 25, 98
Vom Winde verweht 46
V, Café 97

Zur Henne 141
Zur kleinen Markthalle 141
Zur letzten Instanz 82, 141
Zur Rippe 135
Zur Schmalzstulle 58
Zur weißen Maus 179
6-Tage-Karte 19
90° 169

W

Wabe 152
Waldbühne 110, 152, 157
Wannsee 35, 36
Wannseeseite 28
Wasserturm 152
Weddinger Kinderfarm 72
Weihnachtsmärkte 104
Werder 37
Werkbund-Archiv 87
Wesphal, Café 98
Wilde Rübe 71
Wilmersdorfer Straße 73
Wilmersdorf, Bezirk 11
Wintergarten 100, 165
Wirtschaftswunder, Café 99
Wirtshaus zur Henne 141
Wühlmäuse 165

Y

Yorck 110
Yorckschlößchen 152

Z

Zapata, Café 99
Zentrum 9
Zentrum-Ost 9
Zentrum-West 10
Zerbrochene Fenster, Theater 164
Zernsee 37
Zeughaus 85
Zillemarkt 82
Zone A 18
Zone B 18
Zoo-Palast 110
Zoulou Bar 179

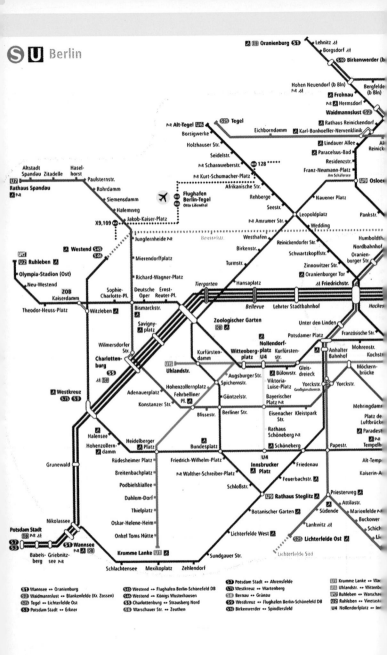

Legende:

○—○ Umsteigemöglichkeit

DB Fernbahnhof

ZOB Zentraler Omnibusbahnhof am Funkturm (ZOB)

♿ Behindertengerechter Zugang

♿ Behindertenfreundlicher Zugang

P+R Parkplatz für Schnellbahn-Fahrgäste

Bezeichnung der Bahnhöfe unter Fortlassung der Tarifbezeichnung Berlin bzw. Potsdam

Sonnenallee ►►►► Strecke im Bau

► ► ► Züge in Pfeilrichtung halten nicht am Bhf Ostkreuz

U12 Nur bei Großveranstaltungen und im Nachtverkehr Fr/Sa, Sa/So ca. 1.00-4.00 Uhr

⬭ Tiergarten, Bellevue, Jannowitzbrücke Zur Zeit kein Halt von S-Bahnzügen

⬭► Hackescher Markt Halt nur in Pfeilrichtung

Information:

Kundendienste:

BVG
℡ (030) 19 449
Schreibtelefon:
℡ (030) 752 13 00

Deutsche Bahn AG
Geschäftsbereich Nahverkehr
Regionalbereich Berlin/Brandenburg
Ruschestr. 59, 10365 Berlin
℡ (030) 297 24 317

S-Bahn Berlin GmbH
Kundenbüro
Invalidenstr. 130/131, 10115 Berlin
℡ (030) 297 19 843

VIP GmbH
14467 Potsdam, Holzmarktstr. 6-7
℡ (0331) 375 275 o. 276

HVG mbH
14482 Potsdam, Am Bassin 7
℡ (0331) 29 29 66

Stand: 15. Oktober 1995.
Herausgeber: BVG, Zentralbereich Absatzwirtschaft für die Verkehrsgemeinschaft Berlin-Brandenburg

U5 Alexanderplatz ↔ Hönow
U6 Alt-Tegel ↔ Alt-Mariendorf
U7 Rathaus Spandau ↔ Rudow
U8 Wittenau ↔ Leinestr.
U9 Rathaus Steglitz ↔ Osloer Str.

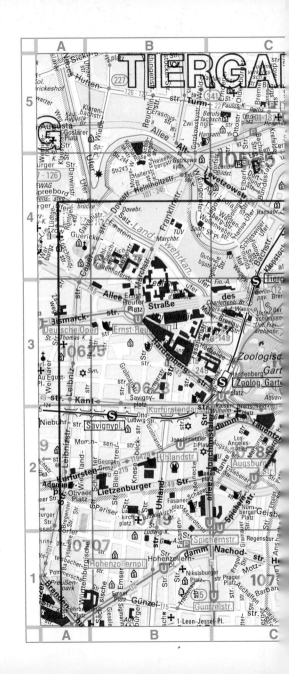